반려견
케어 마사지
Care Massage

케이나인케어스 옮김

ドッグマッサージ
実践テクニックBOOK
この一冊で基本から応用まで

一般社団法人アニマルライフパートナーズ協会代表 山田りこ 監修

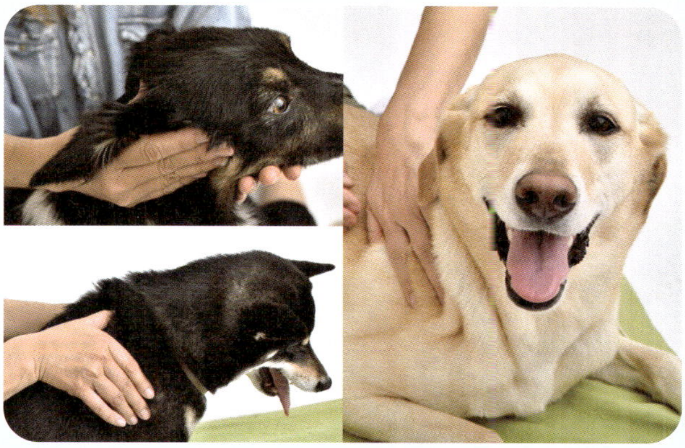

영 문 출 판 사

■ 옮긴이

케이나인케어스 :

최원영 무브먼트아카데미 원장
락테이프 국제강사
CRT 근막이완기법 마스터강사

이수민 쉬었다가개 대표
International Phytotherapist
Animal Aromatherapist Practitioner

문현주 반려견 수중재활운동센터 짐더독 원장
LEVEL 3 CERTIFICATE IN CANINE
HYDROTHERAPIST (UK)

김형준 지앤준 필라테스 대표
무브먼트아카데미 강사

《반려견 케어 마사지 – 실기 강의 문의 : 인스타그램 K9cares_》

반려견 케어 마사지

2020년 2월 20일 초판인쇄
2020년 2월 27일 초판발행

지은이 : 야마다 리코
옮긴이 : 케이나인케어스
발행인 : 박 병 조
발행처 : 도서출판 영문출판사
등 록 : 1987년 12월 21일 제2－419호
주 소 : 서울시 강남구 삼성동 69－1
전 화 : (02) 514-5590, 776-5590
팩 스 : (02) 756-8943
홈페이지 : www.ymsbook.net
E-mail : yeongmunsa@empas.com
정 가 : 15,000 원
ISBN 978-89-7224-473-8 93510

※ 파본은 교환해 드립니다.

반려견 케어 마사지

DOG MASSAGE

머리말

반려견을 위해 할 수 있는 일이 있습니다.

그것은 도구도, 아무것도 필요 없습니다.

올바른 지식과 부드러운 손과 마음을 필요로 합니다.

반려견에 마사지를 하는 것, 이것은 사람에게 마사지하는 것과 크게 달라서,

반려견과의 조화를 필요로 합니다.

반려견은 "여기가 아프니까 조금만 약하게 마사지를 부탁드립니다." 라고는 말하지 않습니다.

반려견의 긴장을 풀게 하고 스스로 이완하지 않으면

긴장하여 딱딱한 근육에 대한 마사지를 시행할 때, 오히려 손상을 주고

역효과를 냅니다.

이 책에서는 반려견의 감정 표현이 적혀 있는 것은 그 때문입니다.

반려견에 대해서 일방통행의 시행이 되지 않도록

조화를 이룬 마사지를 해주셔야 합니다.

또한 마사지를 하는 데에 있어서 해부학,

근육의 올바른 위치를 아는 것이 매우 중요합니다.

틀림없이, 이 책을 통해 반려견의 골격이나 근육에

더욱 흥미를 가져주실 것으로 생각합니다.

마사지나 "프레이즈 터치(praise touch)*"가

반려견의 건강 유지, 증진에 도움이 된다면 다행으로 생각합니다.

*프레이즈 터치(praise touch)

해부학적 지식이 적어도 누구나 할 수 있는, 점진적으로(부드럽게) 시행하는 터치 케어.

몸 관리(body care)를 시행하기 전에

마음과 몸의 준비를 한다.

1 반려견의 반응을 관찰한다.

마사지를 시행하고 있을 때 자기 주변이나 마사지 부위만 집중하지 않고 반려견의 전체 모습(표정, 눈길, 목소리, 몸짓 등)을 관찰하며 기분 좋게 느끼고 있는지, 불안이나 위화감을 느끼고 있지는 않는지 등등, 반려견의 반응을 주의 깊게 관찰한다. 반려견이 불쾌감을 나타내고 있다면, 시행하고 있는 힘을 약하게 하거나 부위 또는 방법을 바꾼다. 또한, 시행자 자신이 긴장하여 손에 힘이 지나치게 들어가 있지 않은지, 호흡이나 자세를 되돌아본다. 그래도 부정적인 징후를 보인다면, 무리하게 시행하지 않고 마지막으로 스트로킹(stroking)을 시행하고 끝마친다.

2 이완할 수 있는 환경에서 시행한다.

반려견이 편안한 상태에서 마사지를 받을 수 있는 환경만들기가 중요하다. 사람의 출입이 많거나 소음이 있는 장소는 피한다. 그 밖에 동물이 있는 경우에는 멀리하여 편안한 환경을 만들어준다.

큰 쿠션이나 매트를 준비하여 반려견이 기분 좋게 누울 수 있도록 하고 반려견이 자유로이 몸을 움직일 수 있도록 한다. 또한 시행하는 사람 자신도 안정될 수 있는 장소를 선택한다. 이완할 수 있는 음악을 트는 것도 좋은 방법이다.

3 방의 온도조절을 한다.

방의 온도조절도 중요하다. 추운 계절에는 난방을 하고 있으나 반려견은 체내에 열이 가득 차기 쉽기 때문에 방을 지나치게 따듯하지 않도록 한다. 마사지로 혈류가 좋아지면 몸이 따뜻해지며 체온이 올라간다. 여름철의 더운 시기는 방의 공기가 정체되지 않도록 자연풍을 넣거나 에어컨이나 선풍기, 제습기 등으로 실온과 습도를 쾌적하게 유지한다. 반려견의 평상시 열은 38.5℃ 전후로 사람보다 2~3℃ 높기 때문에 반려견에게는 쾌적한 실내온도를 언제나 제공하도록 한다.

4 시행자 마음의 준비

시행자가 긴장하여 호흡이 얕아지거나 손에 힘이 들어가 있으면 반려견이 긴장한다.
반려견에게 시행할 때에는 깊고 자연스러운 호흡에 유념하고 신체의 필요 이상의 힘을 빼고 이완하자.
눈을 감고 몇 번 심호흡을 하는 것도 좋을 것이다. 조용한 어조로 말을 걸고 밝은 기분으로 시행함으로써 반려견에 안도감을 줄 수 있을 것이다.

5 시행자의 자세

올바른 유지하기 위해 다음의 것을 확인하자.

★ 반려견을 덮치는 것 같은 자세가 되지 않도록 한다.
★ 머리는 똑바로 하고 내리지 않도록 한다.
★ 어깨의 힘을 빼어 편안한 움직임이 가능하도록 한다.
★ 목을 긴장시키지 않도록 한다.
★ 반려견으로부터 너무 멀지도 않고 너무 가깝지도 않아 팔을 뻗어 팔꿈치가 약간 굽는 거리로 한다.
★ 한 점을 응시하지 않고 반려견의 몸 전체를 보도록 한다.
★ 스트로킹(stroking) 등등, 큰 움직임을 할 때는 손끝을 움직이는 것이 아니라 어깨에서부터 전체를 이동시키는 것 같은 이미지로 시행한다.
★ 편안한 안정된 앉음새를 한다. 무릎에 통증이 있어 앉는 것이 어려운 사람은 약간 높이가 있는 마사지 테이블 등을 이용하는 것도 좋다.
★ 옆으로 누운 자세가 되어 있는 반려견의 몸과 시행자의 양 팔이 원을 그리는 것 같은 몸의 자세를 취하면 서로의 거리도 안정된다.

6 시행자 자신의 손목, 어께, 목을 이완시켜 놓는다.

시행자 자신이 이완할 수 없으면 신체도 경직되어 있다. 마사지를 시행하는 손이 부드러울 수 있도록 미리 씻어서 풀어둔다.

7 액세서리, 시계 등은 벗기고 편안한 복장으로 한다.

반지가 반려견의 털에 얽히거나 긴 목걸이는 마사지 때에 방해가 된다. 몸을 조이지 않는 옷으로 편안한 복장을 한다.

8 손톱은 짧게 깎는다.

긴 손톱도 반려견의 털에 걸리거나 반려견의 민감한 피부를 자극한다. 손톱을 짧게 깎는다.

9 압력

항상 가벼운 압력부터 시작하고 반려견의 반응을 보면서 조금씩 점진적으로 힘을 가한다.
갑자기 지나치게 압력을 가하면, 근섬유에 손상을 주는 일이 있기 때문에 압력을 가할 때는 반응을 잘 보는 것이 중요하다. 팔꿈치나 무릎 등 관절 주위는 항상 가벼운 압력으로 만지도록 한다.

〈압력을 가할 때 다음의 것을 고려한다〉

- 반려견의 감수성
- 과거에 트라우마(trauma)가 있는 부위
- 반려견의 연령
- 반려견의 그날의 상태
- 신체 부위(두꺼운 근육에 압력을 가하다, 얇고 연약한 부위에는 가벼운 압력을 적용)

10 만지는 방법

반려견을 터치할 때는 갑자기 신체를 잡는 것이 아니라, 점진적이고 가볍게 손을 놓도록 한다.
또한 마사지를 하는 도중에 반려견의 신체로부터 손이 완전히 떨어지지 않도록 어느 쪽 손이든 한 손은 반드시 신체에 접촉하여 있도록 한다.

기법을 바꿀 때, 부위를 옮길 때도 원활하게 시행한다. 도중에 마사지하는 손이 멈추거나 손의 따뜻함이 중단됨으로써 반려견은 불안해지고 이완의 방해가 된다.
마사지를 하지 않는 쪽 손에 주의를 기울인다.

11 리듬과 속도

흐르는 것 같은 리듬의 안정감이 있는 마사지는 반려견을 이완시킨다. 리듬감을 느끼며 마사지를 할 수 있도록 음악을 틀어놓고 연습하는 것도 좋을 것이다. 손을 움직이는 속도도 고려한다.

1. 율동적이고 부드러운 손의 움직임은 안정과 이완을 제공한다.
2. 빠른 리듬의 마사지는 자극적이고 활력을 준다. 또한 근육을 더 따뜻하게 한다.
3. 갑작스런 움직임은 반려견에 불안감을 준다.
4. 빠르고 거친 손의 움직임은 반려견을 지치게 만든다.

12 시간

반려견의 크기, 마사지를 시행하는 부위에 따라서 달라진다.
한 부위에 너무 많은 시간을 하지 않도록 한다. 반려견의 상태를 살피면서 진행시킨다.
마사지에 익숙하지 않은 반려견은 도움이 되는 휴식시간을 충분히 가지며 가급적 신체 전체를 마사지한다.

목 차

Part 1 반려견의 마음과 몸을 학습한다.

Part 2 기본 마사지

Part 3 기능을 회복시키는 몸 관리

반려견의 웃는 얼굴을 위하여

Part 1

반려견의 마음과 몸을 학습한다.

- 개의 행동심리를 안다.
- 개의 신체구조를 안다.

개의 사회행동과 본능적 행동을 이해한다.

개는 늑대와 다른 방향으로 진화하였다.

개는 사람과 함께 생활하고 그 존재는 친구이자 가족이지만, 사람과는 다른 "동물"이다.

의인화하여 접촉하는 일이 있으나 개는 개라는 동물로서의 생활방식이 있다.

개는 늑대를 조상으로 갖고 있기 때문에 공통되는 행동이 많이 목격되지만, 사람과 함께 생활하고 사람의 형편에 맞춰서 개량되어 양육되어 왔기 때문에 늑대의 행동과는 상당히 달라지고 있다.

순수 혈통들은 인간의 형편과 작업 목적에 따라서 선택 교배되고 오랜 시간에 걸쳐 육종되어 왔다. 몸의 구성, 몸을 덮고 있는 털의 길이, 털의 색깔, 머리의 형태, 주둥이의 길이, 귀의 형상, 다리의 길이, 기질 등, 사람이 목적으로 하는 작업에 사용하기 쉬운지 아닌지, 용도에 따라서 형태적 특성만이 아니라 행동특성, 자질도 서로 다른 방향으로 변화하여 왔다고 일컬어지고 있다.

개의 품종에 따라서 행동특성이 다른 것은 물론, 각각의 개의 행동에도 개체 차이가 있다. 같은 개 품종이라도 각각에 따라서 행동에 차이가 있다. 개의 행동이나 심리를 이해하여가려면 다음의 것을 주의하면 좋을 것이다.

- 개는 사람에 의해서 품종 개량되어 양육되어 왔기 때문에 뿌리를 늑대에 두고 있지만, 행동에서는 많이 변화하고 있다.
- 개의 품종에 따라 행동특성이 다르기 때문에 개의 특성을 이해하자.
- 동일한 개 품종이라도 혈통의 차이 등으로부터 개체 차이가 있다.
- 가족은 소속되어 있는 "무리"이며 동료일지라도 종적인 사회(vertical society)는 아니다.
- 개의 우위성과 복종성은 그 때의 상황에 따라 변화한다.

본능적인 행동

개는 고도의 사회성 동물이며 소속되는 다양한 "무리(group)" 속에서 쓸데없는 다툼을 하지 않기 때문에 몸짓 언어나 스트레스 징후를 표현한다. 이것은 명확히 알 수 있는 것과 미묘한 표정이나 움직임에 의한 한순간의 몸짓이 있다. 잘 관찰하지 않으면 이해하기 어려울 수 있다.

행동의 기초에 있는 것은 "우위관계(relationship of supericrity)"이다. 그때의 상황에 따라 변화하고 개는 우위성이나 복종성을 나타내는 행동이 관찰된다. 이른 바, 몸짓 언어이며 사람에 대해서도 이 행동은 관찰된다.

본능적인 것에는 다음과 같은 행동이 있다.

"세력범위성 행동", "배설 행동", "포식성 행동", "오락성 행동" "탐색 행동", "번식 행동", "출산 행동"을 열거할 수 있다. 이들의 행동은 청각 · 시각 · 후각을 사용하고 생존하기 위한 행동이며 자연계 속에서

한정된 산림을 돌아다녀 무리의 구성원 사이에 쓸데없는 다툼이 일어나는 것을 예방하기 위한 본질적 행동이 된다.

세력범위성 행동	자기가 사는 집이나 정원을 세력범위(영역)로서 다가오는 사람이나 동물 등에 대해서 으르렁거리거나 덤벼든다. 이 행동은 영역의 중심보다도 경계선에서 심하다.
배설 행동	갓 태어난 새끼시기에는 어미가 배설을 촉구하고 핥아 내지만 약 1개월 정도 지나면 자기의 잠자리에서 떨어진 장소에서 배설하게 된다. 늑대도 마찬가지이고 다른 동물에 들키지 않도록 소굴에서부터 떨어진 장소에 배설한다.
포식성 행동	예를 들면, 고양이나 새 등을 뒤쫓아 가거나 공, 달리고 있는 사람이나 자전거를 뒤쫓아 가는 등의 행동이 관찰된다. 움직이는 것을 뒤쫓아 간다는 행동은 포식성(predatory) 행동이 변화한 것이다.
오락성 행동	강아지에서도 성숙한 개에게서도 개끼리 서로 장난치면서 노는 행동이 관찰된다. 특히 강아지 시기에는 중요하며 장난치는 정도를 이해하는 등의 필요한 훈련이 된다.
탐색 행동	지면이나 다양한 장소의 냄새를 맡는 탐색행동은 개에게는 즐거운 행동의 하나이다. 가정견(family dog)이라면 산책하는 것이 탐색행동의 기회이다. 개로서 자연스런 호기심과 정보수집으로서의 본능을 만족시키는 것이 된다. 냄새를 맡는 행동은 뇌에도 효과적이다.
번식 행동	개는 생후 1년 정도에서 번식능역을 갖추게 된다. 암컷의 발정기에는 빈번하게 배뇨를 하는 경향이 있다. 소변 속에는 생화학물질이 배출되어 있어 그것을 냄새 맡음으로써 성별이나 성호르몬의 상태 등의 정보를 파악할 수 있다. 암컷은 교배 적기가 되면 수컷을 받아들이게 된다. 교배는 수컷이 암컷에 올라탄 후, 잠금(locking)이라는 엉덩이와 엉덩이를 붙인 상태가 된다.
출산 행동	수태가 성립하고 약 2개월의 임심기간을 거쳐 출산한다. 암컷은 안전하고 안정될 수 있는 장소를 찾아서 선택하고 출산하려 한다. 사람과 생활하고 있는 개인 경우는 자택이나 개집의 조용한 장소에 새끼집을 설치하게 하여 거기서 출산하게 한다.

감정표현을 "몸짓 언어(body language)"로부터 파악한다.

요점은 "전신으로부터 파악한다"

개는 사람의 말을 이해하거나 감정을 파악하여 사람과의 의사소통 능력이 매우 우수한 동물이다.

개의 감정을 파악하려면, 눈, 입을 벌리는 방법, 귀나 꼬리의 위치와 움직임, 몸을 덮고 있는 털의 상태, 짖는 음조(tone) 등 복합적으로 파악하여 이해하는 것이 중요한다. 개끼리는 상대방의 전신을 보고 감지하여 판단하고 있다. 그러나 사람은 일부분만을 보고 감정을 판단해버리기 쉬워 반대의 해석을 하는 경우도 있다.

3가지 감정표현

몸짓 언어로 표현되는 감정은 "흥분" "노여움" "불안"의 3가지가 있다. 각각의 감정 표현에는 유사한 부분도 있는가 하면, 명백히 다른 표현도 있다.

1. 흥분

흥분 정도는 "기쁘다" "즐겁다" "기대한다"와 같은 것에서부터 공격으로 전환되는 것도 있다. 가장 알기 쉬운 신호는 꼬리를 흔드는 방법이다. 기쁠 때 또는 다른 개에 대해 우호적일 때는 꼬리를 좌 · 우로 크게 흔든다. 그러나 꼬리를 위로 세워서 작게 흔들고 있을 때는 경계심이 높아져 있는 흥분상태이다. 이밖에 "헉헉" 숨이 거칠어지는 헐떡임이나 빨라지는 움직임, 몇 번이나 같은 행동을 반복하는 등등이 있다.

2. 노여움 · 위협

자기에게 자신이 있는 개는 적대적 행동으로 위엄(dignity)이 있는 태도로 머리와 꼬리를 높이 유지하고 송곳니를 드러내는 것처럼 하여 작고 낮은 목소리로 으르렁거린다. 꼬리는 작게 흔든다.

3. 불안 · 공포

귀를 뒤르 당겨서 누이고 있다. 꼬리는 가랑이 사이로 말려들어가고 머리나 허리를 내려 자세를 낮게 하고 있다. 입아귀를 당겨서 어금니까지 보여주는 경우도 있다. 겁내고 있는 개의 으르렁 소리는 음정에 높낮이가 있고 사람에게도 잘 알아들을 정도의 목소리가 된다. 공격을 하고 싶은 것은 아니고 가능하면 이 자리에서 떠나버리고 싶다…는 기분으로 으르렁거리는 것이 고, 경계하려고 필사적으로 짖어대는 경우도 있다.

▲ 불안 · 겁내고 있는 신호

입아귀를 당겨서 어금니를 보여준다.
꼬리를 가랑이 사이로 말려들게 한다.

▲ 흥분의 움직임

개는 침착성이 없고 움직임이 빠르다. 같은 행동을 반복하거나 하나의 일에 집착하고 있다면 흥분상태라고 할 수 있다.

▲ 위협의 신호

송곳니를 두드러지게 보여준다. 등의 털이 거꾸로 선다. 꼬리를 세운다. 귀는 힘차게 앞을 향한다.

▲ 꼬리의 높이와 움직임으로 표현하는 그때의 기분

개를 잘 관찰하고 대립을 예방하기 위한 "스트레스 징후"를 파악한다.

남과는 "대립하고 싶지 않은" 징후

개가 표현하는 몸짓 언어의 종류는 많이 있다. 그 중에서 개 스스로 어떠한 스트레스를 느끼고 있을 때, 자기 자신을 차분하게 하는 쿨다운 시키기 위한 행동이 "스트레스 징후(stress sign)"가 된다.

사람의 경우는 긴장하면 무릎을 교차로 움직이거나 손가락을 움직여보거나 긴장을 풀려고 하여 그 자리에는 관계가 없는 움직임을 하는 일이 있다(전위행동; displacement behavior).

개도 마찬가지이며, 예를 들면 "코를 핥다" "몸을 부들부들 흔들다" "하품을 한다" "뒷발로 몸을 긁다" "발끝을 계속해서 핥다"와 같은 행동이다.

예의범절을 가르치는 것이나 훈련 등 교육하고 있는 동안에 보호자가 큰 목소리로 지시를 내렸더니 하품을 하였다, 산책을 하는 도중에 개의 목줄을 당겨 지시를 내렸더니 몸을 부들부들 흔들었다, 긴장한 자신을 안정시키는, 또는 상대방을 안정시키려고 하고 있는 것이다.

스트레스 징후를 이해하는 것은 개의 현재의 기분을 짐작하여 다음 행동 대처의 판단기준이 된다. 일상생활 속에서 그때 그 상황에서 개들은 신호를 보내고 있는 것이지만, 보호자 자신도 스트레스를 받고 있기 때문에 간과하는 일이 많아진다.

개에게 스트레스란?

스트레스의 원인에는 다양한 것을 생각할 수 있다. 적당한 자극은 정신적으로도 육체적으로도 적응력을 높이는 것으로 연결되지만, 과도한 자극은 스트레스가 되어 정신적 · 육체적으로 영향을 미치거나 문제가 되는 행동에도 연결될지도 모른다.

일정한 스트레스는 우리들에게 에너지를 제공하고 활동적으로 해주는 필수적인 호르몬을 생성한다.

스트레스를 느끼는 것

- **심리적 스트레스**
  불안, 고독, 공포, 긴장, 불만, 자신감 상실, 흥분, 지루함 등
- **환경에 의한 스트레스**
  기온 차이, 기압, 소음, 냄새, 밝기, 악취, 개인용 컴퓨터, 규칙이 없는 접촉방법이나 과도한 요구, 가족의 변화 등
- **신체적 스트레스**
  운동부족, 질병, 공복, 목마름, 가려움, 통증, 피로, 배설의 참기 등

그러나 스트레스가 과잉이거나 장기간 지속되어서 몸이나 마음, 그리고 개의 행동에 다양한 영향을 주게 된다.

그중에서도 사람과 함께 생활하는 개들은 사람에서는 인식하지 못하는 일이 스트레스가 되기도 한다. 사람과 개에서는 기분 좋다고 느끼는 정도에 차이가 있기 때문에 사람에게는 쾌적해도, 개에게는 그렇지 않은 경우가 있다. 개는 후각 · 시각 · 청각 등, 감각기관은 사람과는 분명히 다르다는 것을 이해하자.

스트레스를 풀어주려면 적당한 산책이나 운동도 중요하지만, 우선은 원인을 가능한 한 제거하는 것이다. 또한 많은 경험을 쌓는 사회화를 체험시킴으로써 적응력이 배양된다.

스트레스는 교감신경을 우위로 만들어버리기 때문에 마사지나 몸 관리(body care)를 통해 반드시 풀어주어 부교감신경을 자극, 자율신경(교감신경과 부교감신경이 세트로 되어 있다)의 균형을 조절한다.

스트레스가 없는 시행

- 산책이나 외출 … 개에게는 산책은 매우 중요한 일과이다. 몸의 크기에 상관없이 운동량은 필요하다. 외부의 정보를 수집하는 것도 중요하다. 뇌에 있어서도 근육에 있어서도 산책이나 운동은 자극이고 필수적인 것이다.
- 사회화 … 연령에 관계없이 함께 외출하거나 여행하는 것 같은 많은 경험을 시켜주는 것은 스트레스에 대해서 적응력이 생기는 것에 연결된다.
- 몸 관리 … 마사지나 터치 케어 등등을 시행함으로써 전신을 이완시키는 것은 자율신경의 균형을 안정시키고 혈류를 좋게 하여 자연 치유력을 향상시킨다.

감정에 동반하는 몸 부위의 변화를 알아차린다.

머리

- 머리를 숙인다.
  불안
- 가급적 높은 위치로 한다.
  공격적, 긴장
- 옆으로 기울인다 .
  흥미
- 다리 위에 올려놓는다.
  이완

눈

- 흐느끼는 눈(wailing eye)
  불안, 공포
- 냉엄한 눈(hard eye)
  노여움, 긴장
- 부드러운 눈(soft eye)
  이완

입 모양

- 입아귀가 뒤로 당겨진다.
  공포
- 입아귀를 오므린다.
  공격적
- 입술이 젖힌 상태로 말려 이빨을 보인다.
  노여움
- 털이 부푼다.
  공격적
- 입을 다문다.
  불안, 긴장
- 호흡이 촉박한다(다른 신체 부위도 포함하여 관찰을 요함)
  불안

이마

- 주름이 진다.
  불안, 긴장
- 땅긴다.
  긴장, 공포

귀

- 앞을 향한다.
  긴장
- 중립위치 (원래의 형태)
  이완
- 뒤로 향한다.
  공포
- 주름이 진다.
  불안

코

- 주름이 진다.
  공격적

수염

- 흔들린다.
  흥분, 불안

몸 전체

- 낮춘다.
  공포
- 앞경사 자세
  공격적, 긴장
- 앞다리의 보폭이 넓고 머리를 내린다.
- 배를 보인다, 옆으로 눕는다.

몸을 덮고 있는 털의 상태

- 등의 털이 거꾸로 선다.
  공포, 공격적
- 몸 전체의 털이 퍼진다.
  공격적
- 꼬리의 털이 퍼진다.
  공격적

꼬리

- 뒷다리의 사이에 들어간다.
  공포
- 뒷다리의 사이에서 꼬리를 흔든다.
  불안, 우호적
- 꼬리의 끝만 흔든다.
  공포, 공격적
- 꼬리를 올리지 않고 천천히 흔든다.
  공격적
- 꼬리를 조금 동그랗게 감아 바삐 흔든다.
  우호적
- 꼬리를 돌리며 흔든다.
  우호적
- 몸 전체를 움직여 꼬리를 흔든다.
  흥분

발끝

- 발가락 끝에 힘을 주어 선다.
  긴장, 공격적
- 굽힌다.
  불안
- 한쪽다리를 올린다.
  긴장

자기와 남을 안정시키는 "카밍 시그널(calming signal)"을 간과하지 않는다.

충돌을 방지하기 위한 "카밍 시그널"

야생으로 생활하는 늑대처럼 개도 다툼을 피하기 위해 사회적 기술(skill)을 갖고 있다. 이것은 스트레스 징후를 포함하여 "카밍 시그널"이라 불리는 시각을 통한 의사소통 방법이다. 시각을 통한 대화법에 뛰어난 그들은 다양한 몸짓 언어를 사용하여 대화를 하고 있다.

개는 개에 대해서도 사람에 대해서도 다툼이나 충돌이 일어나는 것을 진정시키거나 피한다. 스트레스나 불안을 느꼈을 때, 자기 자신을 안정시키기 위해서이다. 또한 남에게 안도감을 주어 사이좋게 하고 싶다고 알리는 데도 사용한다.

시각에 의한 의사소통에 익숙해져 있는 그들은 다양한 몸짓 언어를 사용하여 대화를 하고 있다. 그러나 그들의 신호나 징후는 일상생활 속에서는 간과해버리는 일이 많이 있다. 그들을 이해하고 우호적으로 접촉하여 의사소통을 원활하게 하고 싶은 경우, 우선 개를 잘 관찰하여 일상생활 속에서 자기 자신도 사용해 본다. 개의 기분을 이해하는 것은 마사지나 훈련 때는 몰론, 평소의 생활 모두에서 필요하다.

• 얼굴이나 몸의 방향을 바꾼다.

얼굴을 옆으로 돌리거나 몸을 옆이나 뒤로 향하게 하는 것은 상대방에 대해서 "안정하라" "이것은 그만 두라"라고 발신하고 있는 것이다. 매우 약간의 움직임이거나 또는 분명히 알 수 있는 것도 있다.

• 시선을 딴 데로 돌린다.

사람이 가만히 응시하거나 카메라를 들이대면 눈만을 딴 데로 돌리거나 내리깔거나 하는 것은 "무서워요" "사이좋게 지내요"라 하는 의미가 있다.

• 천천히 걷다, 느긋한 움직임을 한다.

상대방을 안정시키는 행동이다. 사람이 초조해하거나 강한 어조가 되어있으면 천천히 움직이기 시작하는 일이 있다. 또는 "곁을 지나지만 진정해요"라는 의미도 있다.

• 곡선을 그리며 걷는다.

정면으로부터 오는 개에 대해서 개끼리는 곡선을 그리며 걷는다. 이것은 좋은 매너이다. "무섭지 않아, 괜찮아"라 하고 가까이 가는 신호이다. 사람도 응용할 수 있다.

• 사이를 비집고 들어간다.

개가 사람이나 개들 사이를 비집고 들어가는 일이 있다. 이것은 너무 가까이 가서 긴장관계에 있는 경우에 취하는 행동이다. 사이를 비집고 들어감으로써 긴장상태를 누그러뜨리려고 하고 있다.
잡아당기는 것보다 현명하다.

• 강아지와 같은 행위

얼굴을 핥거나 상대방의 입을 핥는, 앞다리를 들어 올리는 등, 강아지와 같은 행동을 하는 일이 있다. 이것은 자기 자신을 작게 보임으로써 남을 진정 시키려 하고 있는 것이다.

• 놀이를 권유하는 자세

앞쪽 반신을 낮게 엎드려 허리를 올리는 자세는 놀이를 권유할 때 사용되지만, 이 자세 그대로 가만히 있을 것 같으면, 상대방의 상황을 엿보는, 상대방이 나오는 태도를 보면서 놀이를 권유할 때이다.

• 냄새를 계속 맡는다.

다양한 상황에서 새로운 정보를 수집하여 안심할 때까지 개는 냄새를 맡는 일이 있다. 자기 자신의 불안을 상대방에게 전달한다는 의미도 있다.

• 굳어진다.

다른 개가 가까이 왔을 때, 움직이지 않은 채로 냄새를 맡게 하는 일이 있다. 이것은 자기 자신은 두려워할 상대는 아니야, 라는 신호이다. 보호자가 초조하게 지시하는 큰 목소리 때문에 굳어져 움직이지 않는 일도 있다.

서로가 시선을 딴 데로 돌리고 있다.

• 코를 핥는다.

곁에 있는 보호자 또는 사람이 성급해 하거나 허둥지둥하고 있으면 상대방을 진정시키려고 보내는 신호이다.

• 하품을 한다.

사람도 흉내를 낼 수 있는 신호이다. 긴장감이 있는 상황이나 장면에서 하품을 하거나, 보호자가 꽉 껴안거나 희롱하고 있을 때 하품하는 것은 상대방을 진정시키려고 하는 것이다.

• 꼬리를 흔든다.

개의 꼬리는 기쁠 때나 즐거울 때 흔들뿐만 아니라 경계하고 있거나, 자기주장을 할 때 흔들지만 꼬리의 위치와 높이가 다르다.

• 앉는다.

등을 돌리고 앉거나 다른 개가 다가올 때 앉는다. 보호자가 고함쳤을 때나 다른 개의 출현으로 스트레스나 불안을 느낄 때 보내는 신호이다.

• 엎드린다.

엎드리는 자세를 취할 때는 상대방에 대해서 "진정하시오"라는 의미가 있다. 강력한 신호이다.

개의 신체
각 부위의 명칭을 기억한다.

몸의 외모로부터의 각 부위의 명칭

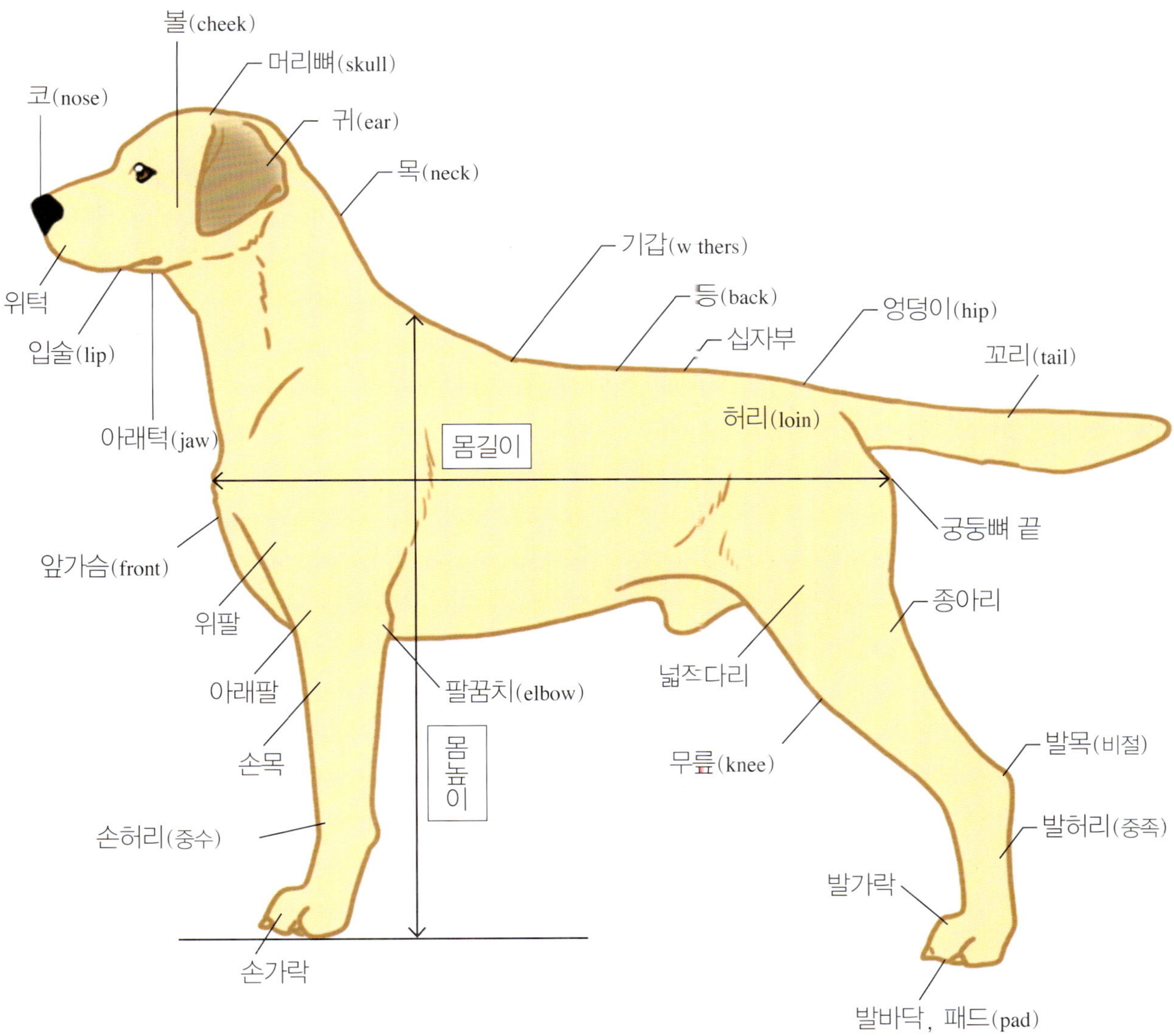

림프절의 장소

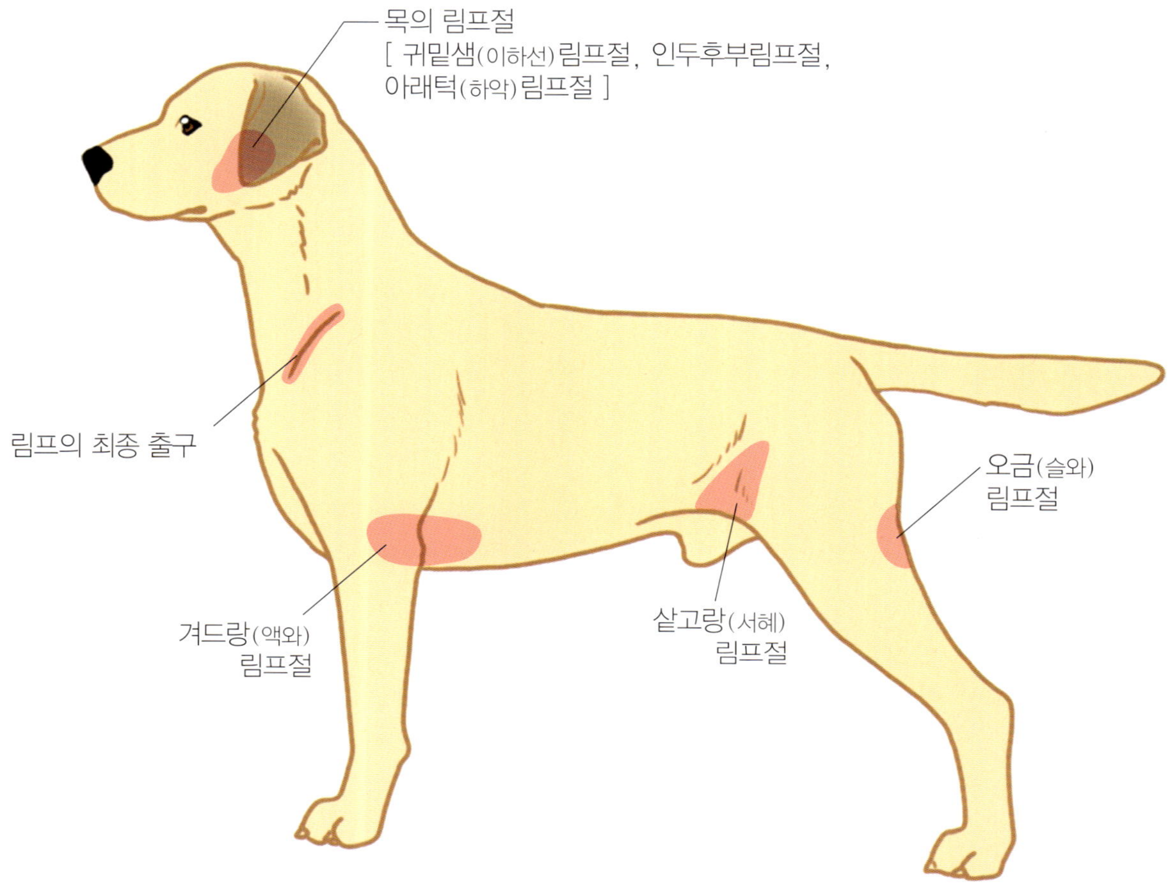

몸길이와 몸높이

개의 몸 크기를 나타내는 말로서 "몸높이"와 "몸길이"라는 표현을 한다.

몸높이라는 것은 어깨의 가장 높은 위치에서부터 지면까지의 높이를 말하며, 어깨에서부터 위의 머리 부위는 포함되지 않는다. 개의 목에서부터 등(back)에 걸쳐서 만져 가면 어깨뼈(견갑골)의 가장 높은 뼈가 만져지는데 그곳이 몸높이의 최고점이 된다.

몸길이는 복장뼈(흉골) 끝에서부터 궁둥뼈(좌골) 끝까지의 길이를 말하고 머리 부분은 포함되지 않는다. 또한 몸길이는 암컷 쪽이 생식활동이 있기 때문에 약간 길다.

림프란?

림프는 노폐물이나 세균 등의 독소로부터 몸을 보호하고 있다. 이 작용은 정맥에 보내지지 않고 넘친 노폐물을 혈액에 대신해서 운반하여 노폐물을 깨끗이 하고 다시 정맥으로 되돌린다. 또한 체내에 침입한 세균은 림프관을 지나서 림프절로 운반되고 거기서 림프구 등으로 처리된다.

동물의 체내에는 무수한 림프관이 그물코처럼 분포하고 림프관 속을 림프액이 흐르며, 림프액을 운반하는 림프관이 집중하는 중계지점을 림프절이라 한다.

개의 신체 정보는 골격으로부터 파악할 수 있다.

개의 골격은 크기에 관계없이 기본적으로는 변화하지 않는다.

각 부위의 명칭

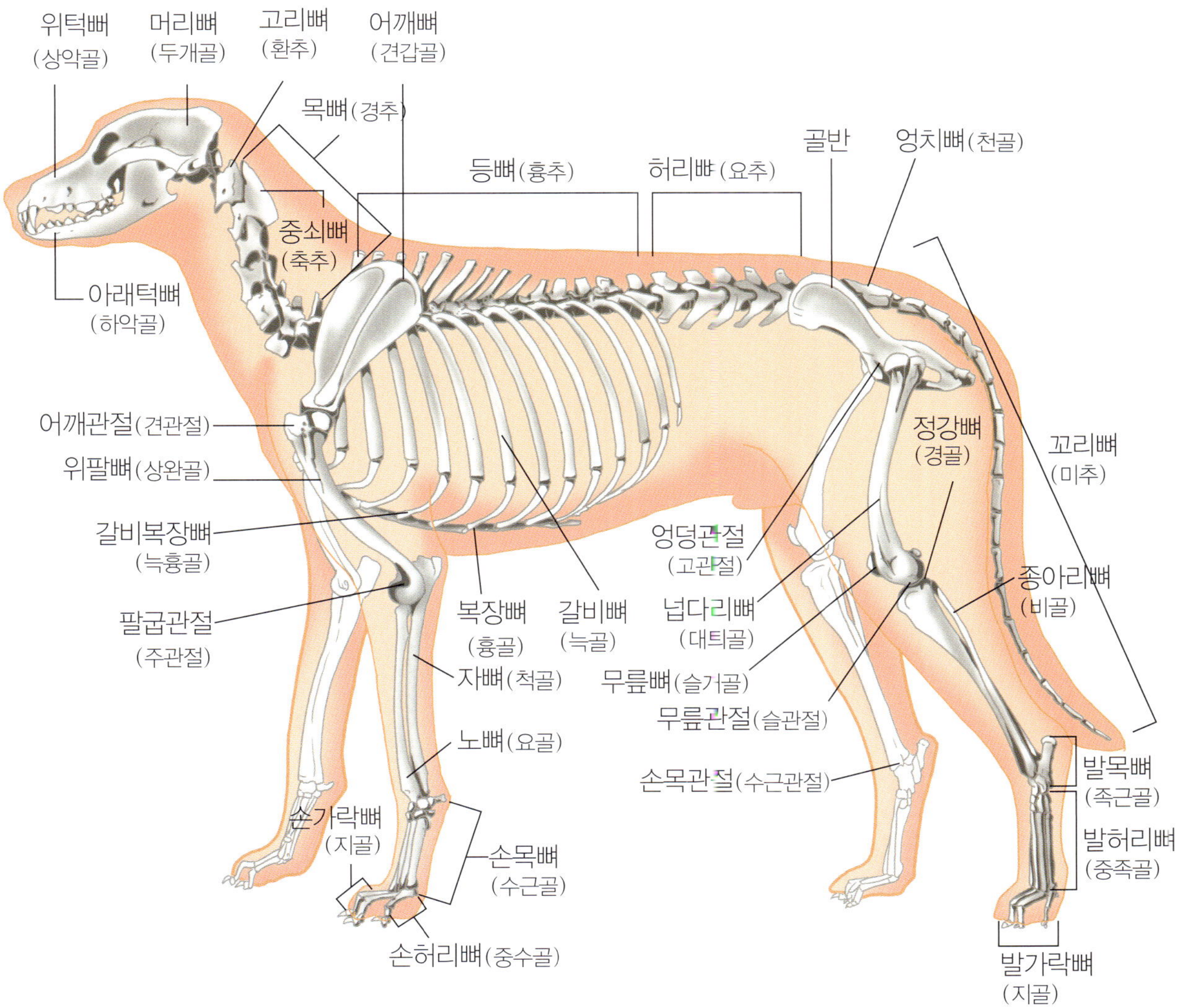

개의 뼈 성장과 특징

개의 크기나 모습과 형태는 개 품종에 따라 크게 다르지만 기본적인 뼈의 수는 바뀌지 않는다. 사람과 비교하면 수가 많고 약 320개라 일컬어지고 있다. 사람의 약 1.5배나 있다.

개의 뼈는 성장속도가 빠르고 소형견과 대형견에서는 매우 다르다. 소형견에서 8~10개월, 중형견에서 10~12개월, 대형견에서 15~18개월이 된다. 성장이 멈추게 되면 성 성숙(sexual maturity)에 들어간다. 대형견은 성적인 성숙이 느리기 때문에 뼈가 성장하는 속도가 느려지는 것이다.

골격의 특징은 빗장뼈(쇄골)가 없기 때문에 팔은 앞 · 뒤로밖에는 흔들 수 없다. 또한 네발보행에 순응하기 위해 빗장뼈와 위팔뼈(상완골)를 연결하는 인대와 근육이 강인하게 되어있다.

또한, 사람처럼 턱뼈를 좌 · 우로 움직여 깨물고 갈아서 으깰 수 없다. 따라서 음식물을 물어 끊으면 삼켜버린다.

선택 품종 개량에 의한 소형화

개는 치와와(Chihuahua)처럼 매우 작은 개가 있는가 하면, 아이리시울프하운드(Irish wolfhound)와 같은 초대형견도 있다. 개를 선택 번식에 의해서 소형화하는 데는 두 가지 방법이 있다.

하나는 골격을 작게 해가는 "미니어처(miniature)화"이다. 토이 푸들(Toy Poodle)이나 치와와 등이 그러하다. 또 하나의 방법은 다리뼈를 짧게 하거나 무릎관절을 크게 하는 것에 의해서 몸높이를 작게 하는 "왜소 동물(dwarf)화"라는 방법이다. 닥스훈트(Dachshund)나 바셋하운드(Basset hound) 등이 이것에 해당한다.

미니어처화도 왜소 동물화도 자연환경 속에서 만들어진 것이지만, 더욱 인간의 손이 가해짐으로써 많은 품종이 만들어져가고 있다.

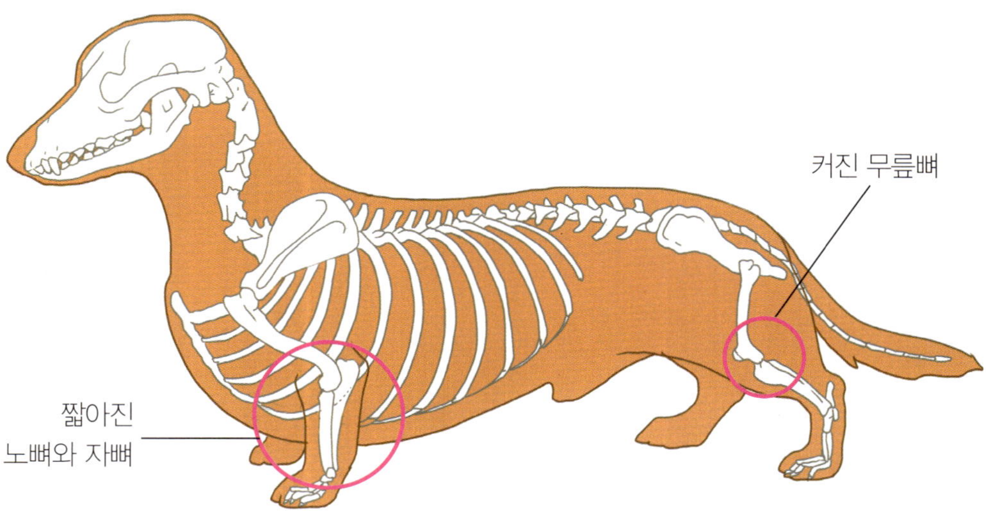

개의 걷는 모습으로부터 근육과 뼈의 정보가 보인다.

개의 걷는 방법을 관찰하는 것이 중요한 이유는?

개의 걷는 방법 = 걷는 모습을 관찰하는 것은 개의 골격이나 근육의 부착 부위와 기분 상태까지도 파악할 수 있다. 걷는 모습은 매우 중요한 정보가 된다.

도그 쇼(dog show)를 관전하는 것도 걷는 모습을 보는 연습이 된다. 걷는 모습의 심사에는 중요한 정보가 있으며 정신적 건전성은 물론, 개의 육체적 건강성(골격, 근육 등)의 확인이 된다. 다만, 개 품종에 따라서는 특징적인 걷는 모습을 하는 경우가 있다. 걷는 모습의 특징은 품종의 연혁, 용도로부터 찾을 수 있고 움직임이 개의 용모와 자태를 결정하고 있다고 할 수 있다.

걷는 모습이 바른지 바르지 않은지를 관찰하는 것은 이유가 있다. 걷는 모습으로부터는 뼈의 각도를 알 수 있다. 이것에 의해 근육의 상태도 보이게 된다. 작업견, 수렵견이나 썰매 끌기, 목축견 등은 우수한 이동운동이 요구된다. 효율이 나쁜 걷는 모습으로는 불필요한 움직임에 에너지가 더 사용되고 있다. 바로 지쳐서 작업을 할 수 없게 된다.

작업견만이 아니라 우리들과 함께 생활하는 파트너로서의 개들에게도 같은 것이 성립된다. 바르게 걷는 모습은 잘 피로해지지 않고 몸에 비틀림(torsion)이 잘 생기지 않는다.

많은 개들은 완전한 바른 골격과 근육을 갖고 있지 않다. 걷는 모습을 관찰함으로써 개의 골격구성이나 근육의 부착방식을 알 수 있고 현재의 몸의 비틀림이나 근육의 경직(뻣뻣함) 등을 판단하여 필요한 근육을 유지하거나 근육을 늘리기 위한 운동의 조언, 그리고 마사지 또는 터치 케어를 적용하는 것이 필요하다.

양호한 균형의 각도

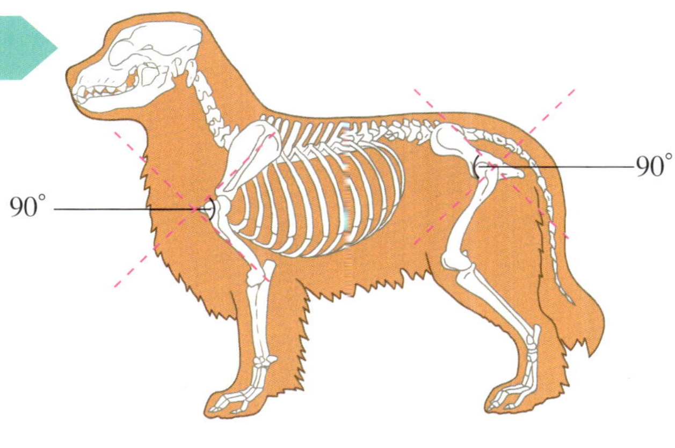

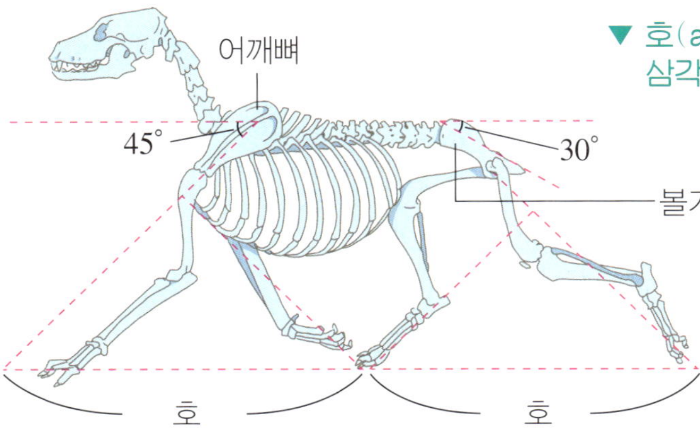

▼ 호(arc)의 거리가 동등한 삼각형의 바람직한 걷는 모습

▼ 효과적인 올바른 걷는 모습(속보; trot)

걷는 모습의 종류

평상보행(walk) 가장 가속이 적은, 방향을 바꾸는 데도 비교적 자유로운 보행방법

속보(trot) 평상보행보다 가속된 보행방법이고 평상보행과 비교하여 보폭도 넓고 2점 착지의 대각성 걸음걸이가 된다.

질주(gallop) 최고로 가속된 4박자 리듬의 걷는 모습

▲올바른 걷는 모습 (뒤에서 바라봄)

올바른 걷는 모습 ▲ (앞에서 바라봄)

순발력이나 지구력을 만들어내는 특징적인 근육의 구조를 이해한다.

근육의 역할과 종류

근육의 역할은 사람도 개도 거의 같다. 다만, 골격을 움직이는 골격근의 수는 사람보다 많고 특히, 뒷다리를 움직이는 근육은 상당히 발달하여 있다.

이 근육에 의해서 훌륭한 순발력과 도약력을 얻었다.

또한 개의 근육은 3종류의 근육으로 구성되어 있다.

- 장기(organ)의 작용을 조절하는 평활근
- 심장을 움직이는 심근
- 자기 자신의 의지로 조절할 수 있는 골격근(횡문근)

아킬레스힘줄은 개의 몸속에서도 가장 발달한 힘줄이다.

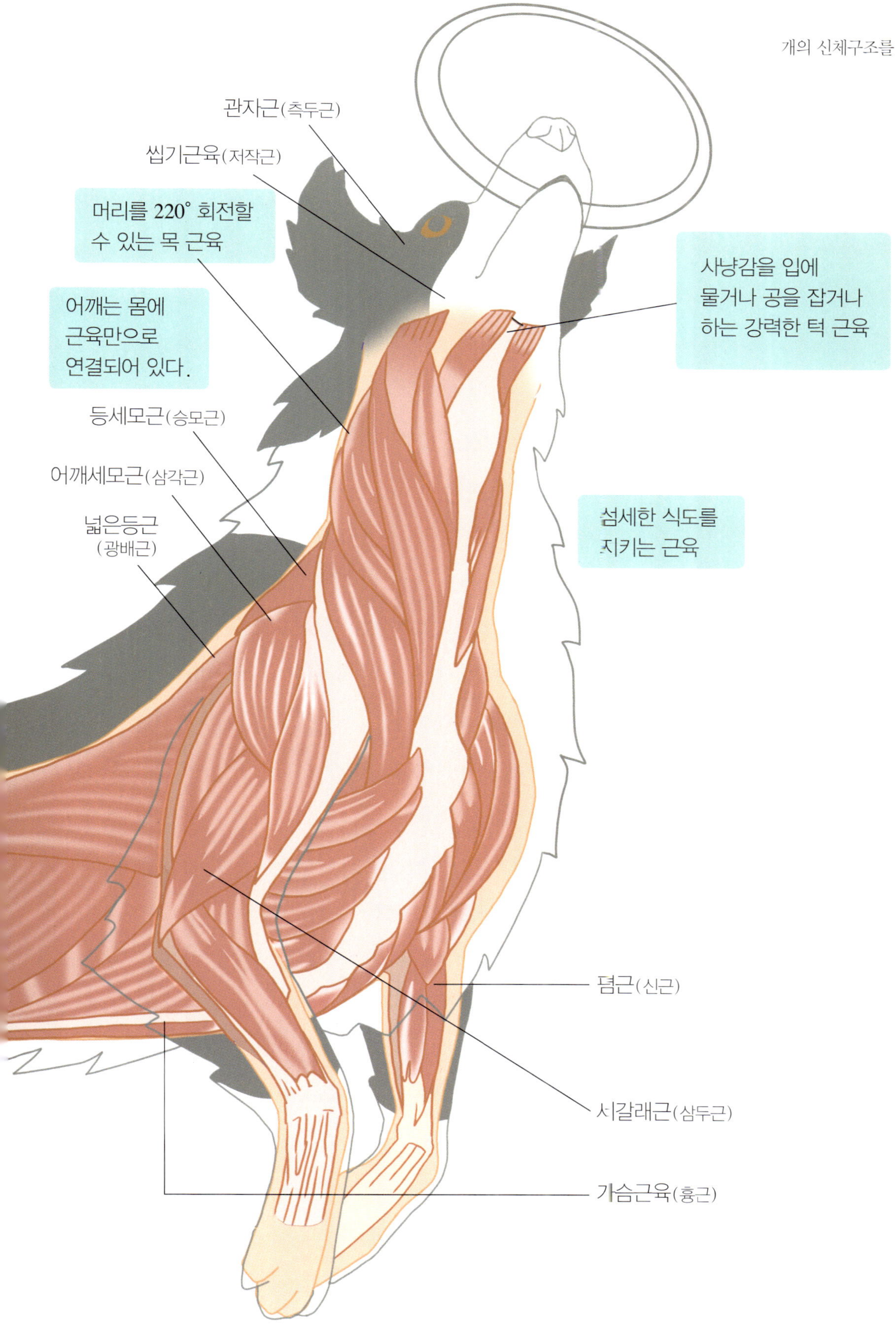
관자근(측두근)
씹기근육(저작근)
머리를 220° 회전할 수 있는 목 근육
어깨는 몸에 근육만으로 연결되어 있다.
등세모근(승모근)
어깨세모근(삼각근)
넓은등근 (광배근)
사냥감을 입에 물거나 공을 잡거나 하는 강력한 턱 근육
섬세한 식도를 지키는 근육
폄근(신근)
세갈래근(삼두근)
가슴근육(흉근)

근육의 위치를 의식하기 위한 "경계 지점(landmark)"을 파악한다.

신체 표면으로부터 만질 수 있는 뼈

마사지에서는 확실한 근육의 위치에 시행하기 위해 근육의 위치를 알기 위한 "경계 지점"을 확인한다. 경계 지점은 근육의 올바른 위치를 찾기 위한 "표시"이다.

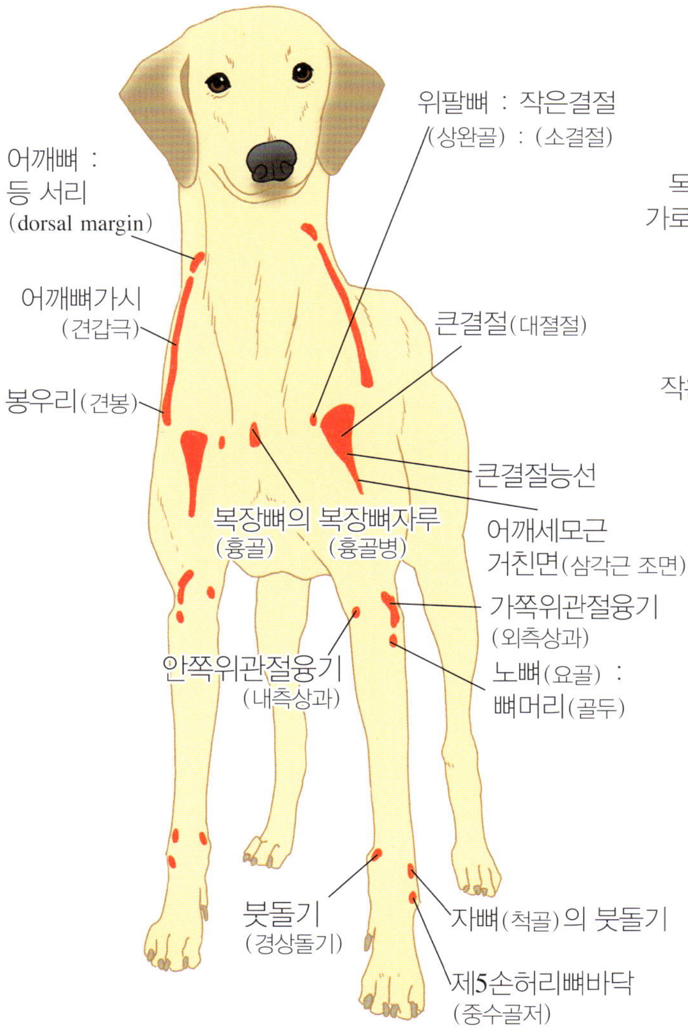

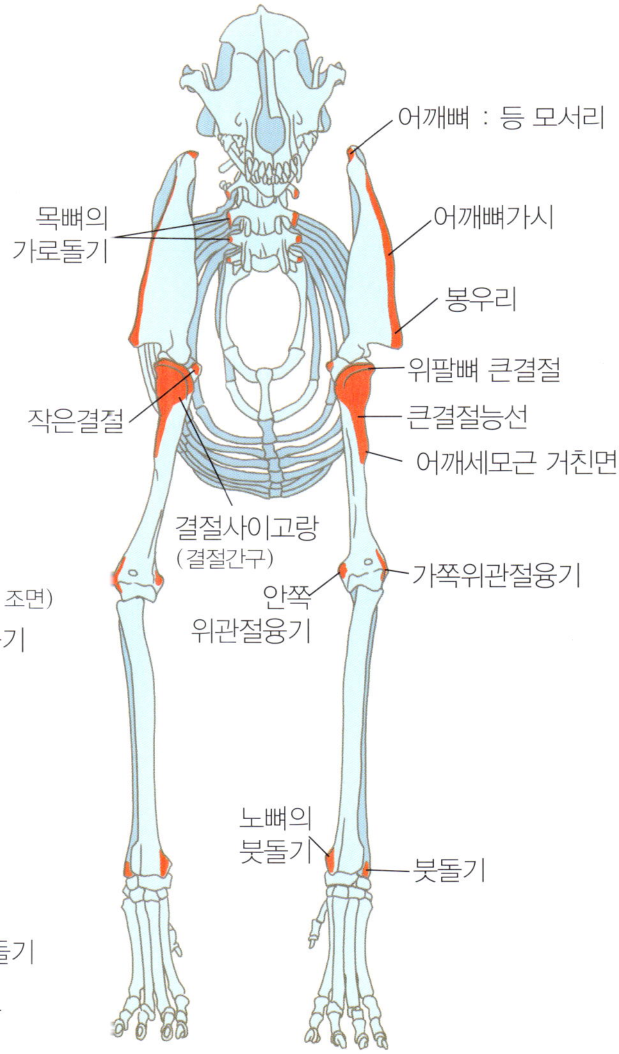

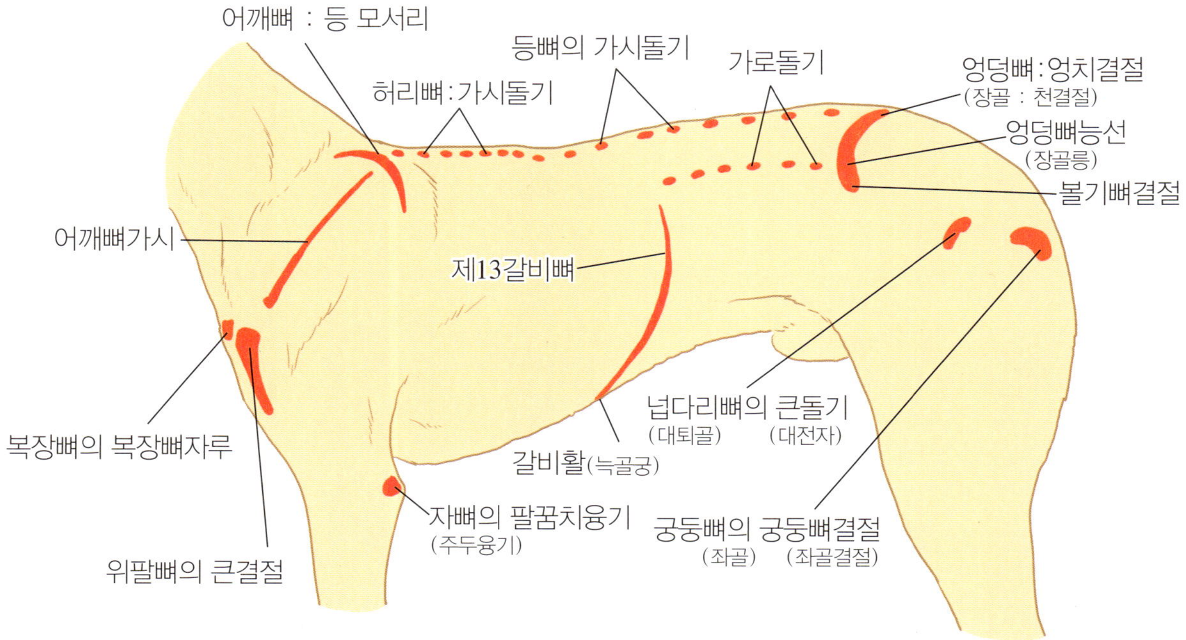
어깨뼈 : 등 모서리
등뼈의 가시돌기
가로돌기
엉덩뼈:엉치결절
(장골 : 천결절)
허리뼈:가시돌기
엉덩뼈능선
(장골릉)
볼기뼈결절
어깨뼈가시
제13갈비뼈
넙다리뼈의 큰돌기
(대퇴골) (대전자)
복장뼈의 복장뼈자루
갈비활(늑골궁)
자뼈의 팔꿈치융기
(주두융기)
궁둥뼈의 궁둥뼈결절
(좌골) (좌골결절)
위팔뼈의 큰결절

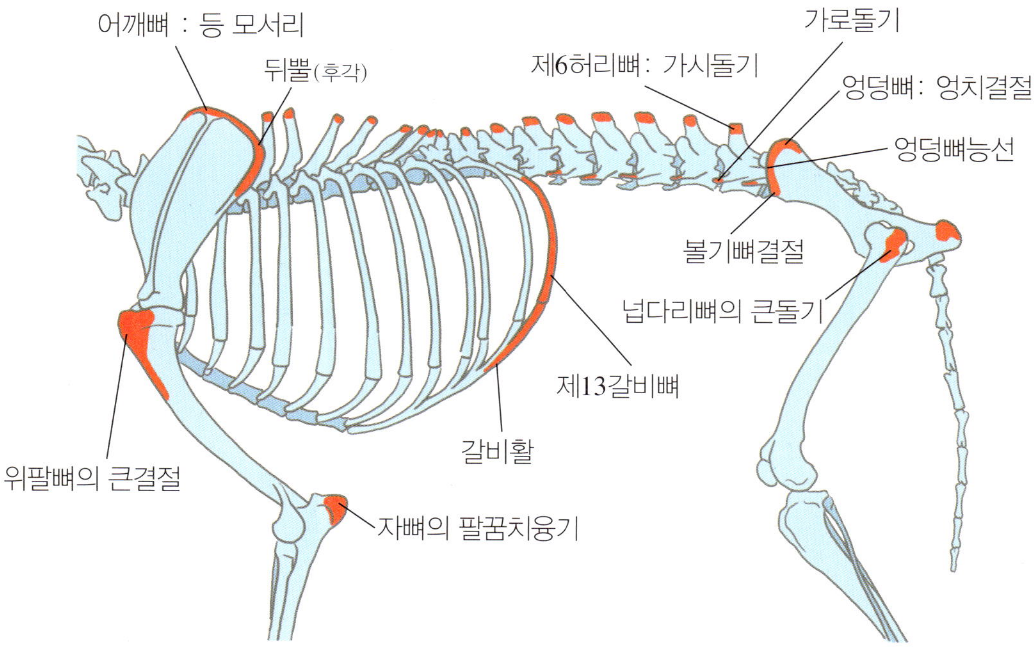
어깨뼈 : 등 모서리
가로돌기
뒤뿔(후각)
제6허리뼈: 가시돌기
엉덩뼈: 엉치결절
엉덩뼈능선
볼기뼈결절
넙다리뼈의 큰돌기
제13갈비뼈
갈비활
위팔뼈의 큰결절
자뼈의 팔꿈치융기

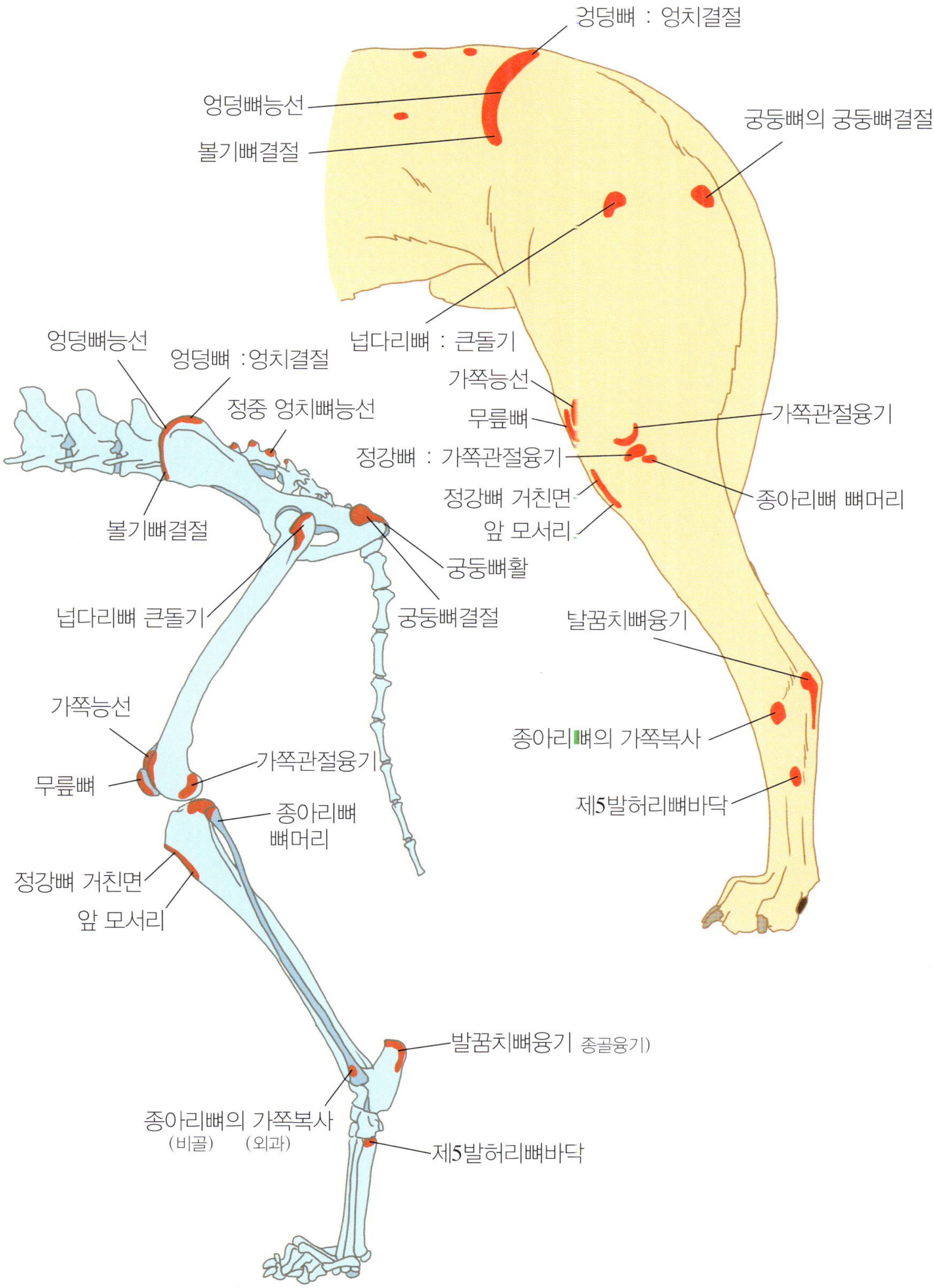
엉덩뼈 : 엉치결절
엉덩뼈능선
볼기뼈결절
궁둥뼈의 궁둥뼈결절
넙다리뼈 : 큰돌기
가쪽능선
무릎뼈
가쪽관절융기
정강뼈 : 가쪽관절융기
종아리뼈 뼈머리
정강뼈 거친면
앞 모서리
발꿈치뼈융기
종아리뼈의 가쪽복사
제5발허리뼈바닥
엉덩뼈능선
엉덩뼈 :엉치결절
정중 엉치뼈능선
볼기뼈결절
궁둥뼈활
넙다리뼈 큰돌기
궁둥뼈결절
가쪽능선
가쪽관절융기
무릎뼈
종아리뼈
뼈머리
정강뼈 거친면
앞 모서리
발꿈치뼈융기 종골융기)
종아리뼈의 가쪽복사
(비골) (외과)
제5발허리뼈바닥

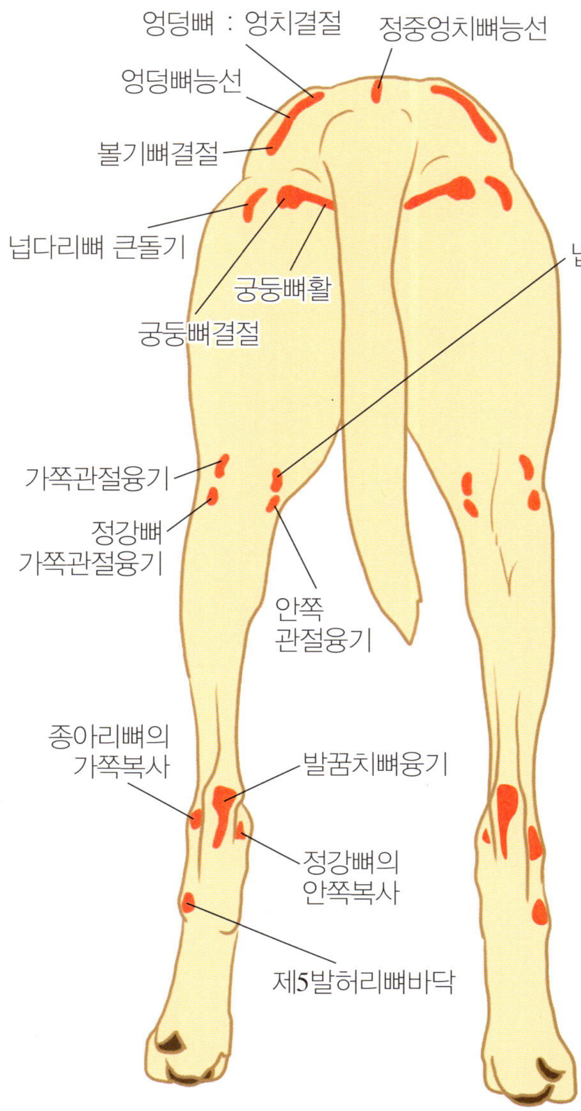
엉덩뼈 : 엉치결절
정중엉치뼈능선
엉덩뼈능선
볼기뼈결절
넙다리뼈 큰돌기
궁둥뼈활
궁둥뼈결절
넙다리뼈 안쪽관절융기
가쪽관절융기
정강뼈
가쪽관절융기
안쪽
관절융기
종아리뼈의
가쪽복사
발꿈치뼈융기
정강뼈의
안쪽복사
제5발허리뼈바닥

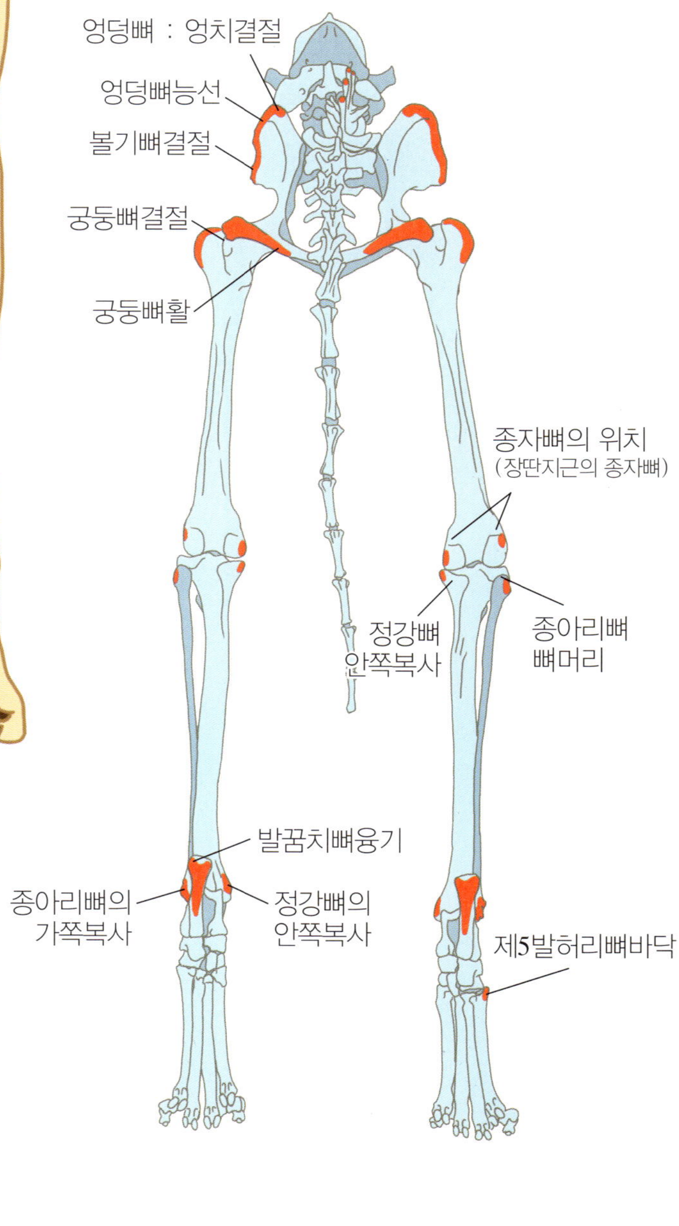
엉덩뼈 : 엉치결절
엉덩뼈능선
볼기뼈결절
궁둥뼈결절
궁둥뼈활
종자뼈의 위치
(장딴지근의 종자뼈)
정강뼈
안쪽복사
종아리뼈
뼈머리
발꿈치뼈융기
종아리뼈의
가쪽복사
정강뼈의
안쪽복사
제5발허리뼈바닥

column

개의 종류에 대해서

세계에서는 공인되지 않은 것을 포함하면 약 700 ~ 800 종류의 품종이 있다고 일컬어지고 있다. 벨기에에 본부가 있는 "국제축견연맹(FCI)"에 공인되어 있는 것이 344 품종(2017년 7월 현재). 그 중에서 일본(일반사단법인 일본개 클럽 : Japan Kennel Club)(JKC)에서는 약 200종류가 등록되어 있다). 개 품종은 생존 목적이나 형태 · 용도에 따라서 10개 그룹으로 나뉘어 있다.

그룹 1 … 목양견(sheep dog), 목축견(cattle dog). 가축의 무리를 유도, 보호하는 역할을 가진다.
웰시 코기(Welsh Corgi), 저먼 셰퍼드(German Shepherd), 피다뎃 콜리,
보더 콜리(Border Collie) 등

그룹 2 … 사역견(working dog), 번견(watch dog). 경호 작업을 한다
그레이트데인(Great dane), 도베르만(Doberman), 뉴펀들랜드 Newfoundland),
미니어처슈나우저(Miniature Schnauzors) 등

그룹 3 … 테리어(Terrier). 동굴 안에 사는 여우 등 작은 동물을 사냥하는 소형 사냥개.
에어데일테리어(Airedale Terrier), 잭 러셀 테리어(Jack Russel Terrier),
요크셔테리어(Yorkshire Terrier), 노퍽테리어(Norfolk Terrier) 등

그룹 4 … 닥스훈트. 지면의 구멍에 사는 오소리나 산토끼용 사냥개.
닥스훈트(Dachshund))(3가지 크기, 3가지 털의 종류)

그룹 5 … 원시적인 개. 일본 스피츠(Spitz)를 포함하는 스피츠 계통의 개.
개 본래의 모습의 기색이 짙게 남는 품종의 그룹.
아키다견(Akida Inu), 시바견(Shiba Inu), 포메라니안(Pormeranian),
시베리안 허스키(Siberian Husky), 일본 스피츠(Japan Spitz) 등

그룹 6 … 후각 하운드. 크게 짖는 소리와 우수한 후각으로 사냥감을 쫓는 사냥개.
달마시안(Dalmatian), 바셋 하운드(Basset hound), 비글(Beagle) 등

그룹 7 … 포인팅 도그(Pointing dog). 사냥감을 찾아내고 그 위치를 조용히 가리키는 사냥개.
아이리시 세터(Irish Setter), 잉글리시 세터(English Setter), 와이마라너(Weimaraner) 등

그룹 8 … 그룹 7 이외의 조류 사냥개. 되찾아오는(retrieve) 것을 가장 잘 하는 품종이나
물가의 사냥을 잘 하는 품종.
아메리칸 코커 스패니얼(American Cocker Spaniel), 잉글리시 코커 스패니얼(English Cocker Spaniel),
골든 리트리버(Golden Retriever), 래브라도리트리버(Labrador Retriever)

그룹 9 … 가정견, 반려견.
푸들(Poodle), 파피용(papillon), 스쯔(사자), 카발리에 킹 찰스 스패니얼(Cavalier King Charls Spaniel),
프렌치 불도그(French buldog) 등

그룹 10… 사이트 하운드(Sight hound). 우수한 시력과 달리는 힘으로 추적 포획하는 개.
아이리시 울프 하운드(Irish Wolf hound), 아프간 하운드(Afgan hound),
보르조이(borzoi), 이탈리안 그레이하운드(Italian gray hound) 등

Part 2

기본 마사지

- 15종류의 기본 마사지 기법
- 몸 전체
- 목 주위
- 어깨
- 앞다리
- 앞가슴
- 등
- 허리
- 뒷다리

15종류의 기본 마사지 기법

15종류의 마사지 기법을 생각하자!

해부생리학에 기초하여 하나하나의 개별 근육군에 대해서 목적에 상응한 기법을 시행하고 얕은 층에서부터 깊은 층 근육의 근섬유에 접근해간다.

반려견에 시행하기 전에 우선은 이들 기법의 목적과 효과를 이해하고 원활하고 바르게 반려견에 시행할 수 있도록 연습을 한다.

15종류의 기본 마사지 기법이 소개될 것이다.

이 기법들을 반려견에 대한 힘의 가감이나 원활하게 움직이는 방법을 생각하면서 연습하고 시행한다.

마사지 적용 시 주의사항

- ★ 체온이 39.5℃ 이상일 때는 마사지는 하지 않는다. 마사지를 함으로써 이미 가속된 혈류를 더욱 자극하여 증상을 악화시킨다.
- ★ 장염, 설사가 있는 경우에는 마사지를 하지 않는다. 싫어하지 않는다면 복부를 가볍게 문지른다.
- ★ 임신 중인 반려견도 불편해하지 않으면 복부를 가볍게 마사지해 줄 수 있다.
- ★ 척추사이원반(추간판) 헤르니아가 발병하고 있는 반려견에는 마사지를 하지 않는다.
- ★ 급성기의 근육 파열과 같은 외상, 내출혈일 때는 마사지는 할 수 없다. 72시간 이상 경과한 만성기에 들어간 후에 마사지를 시행한다.
- ★ 출혈이 있거나 치료 중인 상처 부위는 마사지를 하지 말아야 한다. 부종이나 부기를 뺄 때 마시지가 유용하다.
- ★ 염좌 등 부상의 급성기에는 마사지를 하지 않는다.
- ★ 홍역(distemper) 등의 신경질환이 있는 경우, 마사지에 의한 자극은 불쾌한 것이 된다.
- ★ 관절의 주위에 강한 마사지는 피한다.
- ★ 급성기의 류마티스나 관절염일 때는 통증이 심하고 염증을 악화시키기 때문에 시행하지 않는다.
- ★ 정맥염과 같은 염증은 환부를 마사지하면 염증을 악화시킨다.
- ★ 림프종 등 혈류를 촉진하는 것이 오히려 악화가 되는 질환이 있는 경우
- ★ 진균에 의한 피부병이 있는 경우
- ★ 감염증
- ★ 폐렴
- ★ 바이러스성 감염증의 급성기

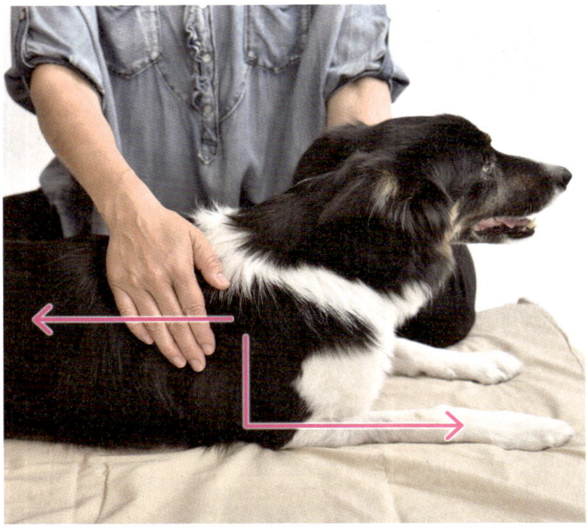

1 스트로킹(stroking) –부드럽게 쓰다듬기

스트로킹은 손바닥 전체로 부드럽게 쓰다듬는 방법이다. 마사지를 시작할 때 사용하며 반려견의 신체상태나 성격을 파악할 수 있다. 또한 처음 만나는 반려견에게 나를 소개하고 신뢰를 가지게 한다.
손바닥 전체로 머리에서 꼬리방향 그리고 몸통에서 발 방향으로 끊어짐 없이 부드럽게 쓰다듬어 준다.

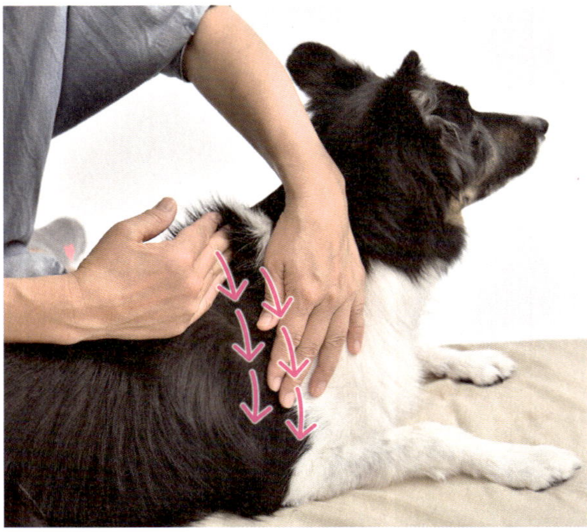

2 에플루라지(effleurage) –문지르기/쓰다듬기

에플루라지는 스트로킹 다음에 근육을 따뜻하게 하는 것이 목적이다.
몸에 쌓인 독소들을 림프샘을 통해 배출하는데 도움이 되며 마사지 기법을 바꾸거나 부위를 변경할 때, 시작과 마무리 때 사용한다. 손바닥을 펴고 손가락에 힘을 뺀 상태에서 근육이나 피부표면을 같은 압력과 속도를 유지하며 쓰다듬어 준다.

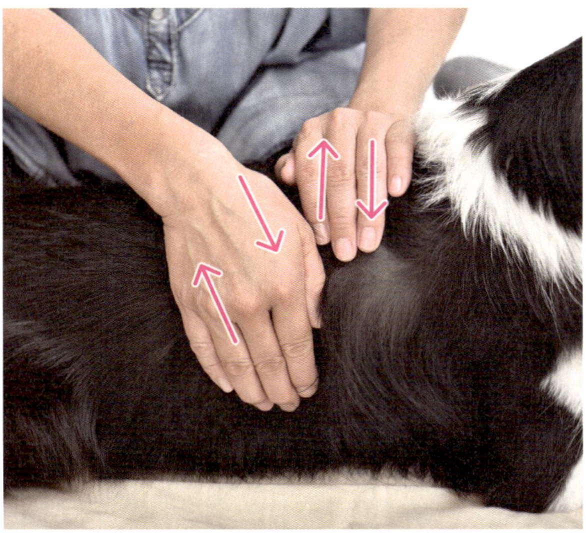

3 부드럽게 비틀기법(wringing)

손바닥 전체를 반려견의 몸을 따라가게 하고 손바닥을 일정한 리듬으로 미끄러지도록 번갈아 움직인다.
몸 표면을 가벼운 압력으로 2~3초에 한번 정도 느린 리듬으로 부드럽게 비틀기법을 시행함으로써 진정효과가 높아진다. 가벼운 압력을 가한 부드럽게 비틀기법을 천천히 시행함으로써 혈류나 림프의 흐름을 좋게 한다.

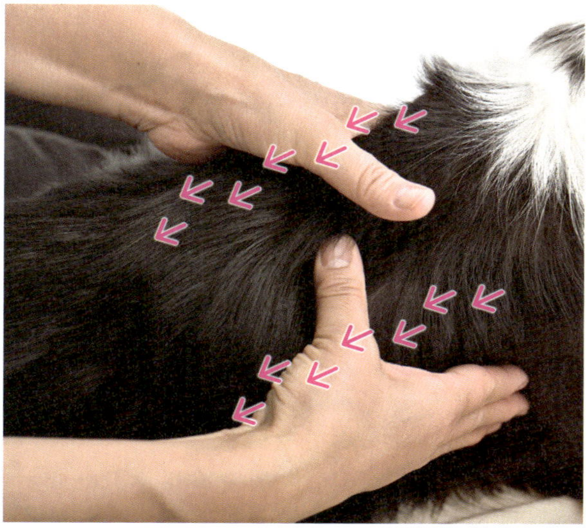

4 니딩(kneading) -'짜내다'는 의미

근육의 길이를 증가시키며 혈액순환 촉진 및 산소 공급, 노폐물 제거의 효과를 볼 수 있다. 니딩은 짧은 시간에 순환을 촉진하여 근육을 따뜻하게 해주는 효과가 있다. 신체 중심에서부터 말단으로 니딩을 시행하면 그 후에는 반드시 말단에서부터 신체 중심으로 니딩을 시행한다.

주의 : 등(back)에 시행할 때는 척추를 피한다.

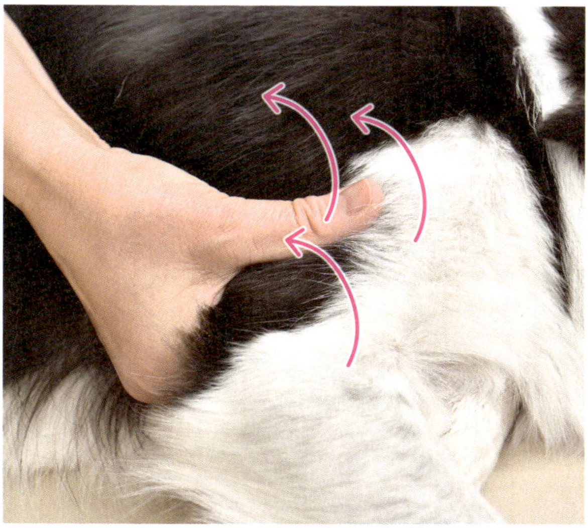

5 비틀기 기법(squeezing)

율동적으로 들어 올리도록 시행하는 비틀기 기법은 피부와 근육을 이완시킨다. 이 움직임은 짜내는, 압박하는, 그리고 조직을 이완하는 움직임을 동시에 시행한다.

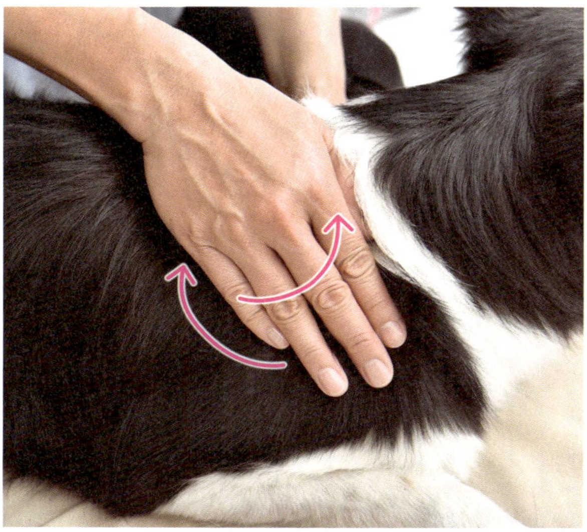

6 흔들기 기법(shaking)

가벼운 압력으로 시행하는 흔들기 기법은 신경조직을 이완시킨다. 손의 무게 이상으로는 압력을 가하지 않도록 하고, 몸의 표면, 그 바로 밑의 근육에 흔들기 기법을 시행한다.

손목, 손가락 끝의 힘을 빼고 팔꿈치에서부터 흔들게 하여 이것을 손목이나 손가락에 전달한다. 작은 흔들기를 2~3초씩 부위를 이동하면서 시행하면, 조직의 흐름을 좋게 하여 물리적인 진정효과가 있다.

7 마찰법(friction) –문지르기/비비기

스트로킹, 에플루라지, 비틀기법으로 근육을 이완시킨 다음 시행한다.
엄지손가락을 제외한 4개의 손가락 끝의 압력을 이용해 심부조직의 근섬유를 가로지르도록 하며 섬유조직을 오르내리도록 좁은 범위로 시행한다.
가벼운 압력으로 시작하고 반려견의 상태를 관찰하며 강도를 높인다. 한 부위를 지나치게 오래 시행하지 않는다.

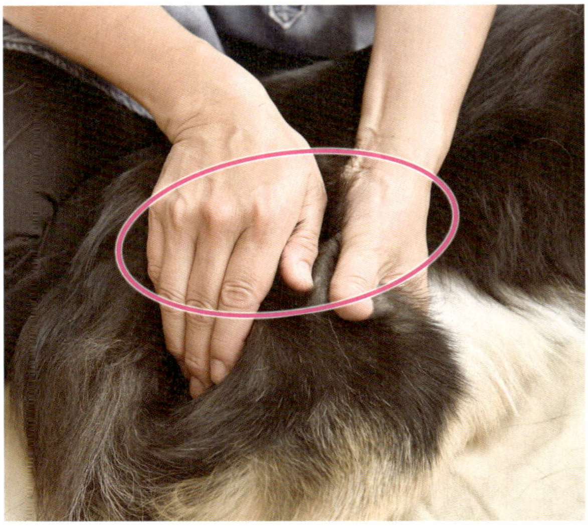

8 압박법(compression) –근육에 압력을 가하여 누르는 방법

한 손 또는 양손의 손바닥 전체나 손가락을 사용하여 해당 부위를 감싸는 것처럼 대고 6초 정도 천천히 압력을 가해 누른다.
압력을 가한 뒤 서서히 손을 땐다.
근육을 지나치게 압박하지 않도록 한다.
압박에 의해 혈액의 흐름을 막았다가 풀어주어 혈액순환을 활성화하여 근육의 긴장을 감소시켜준다.

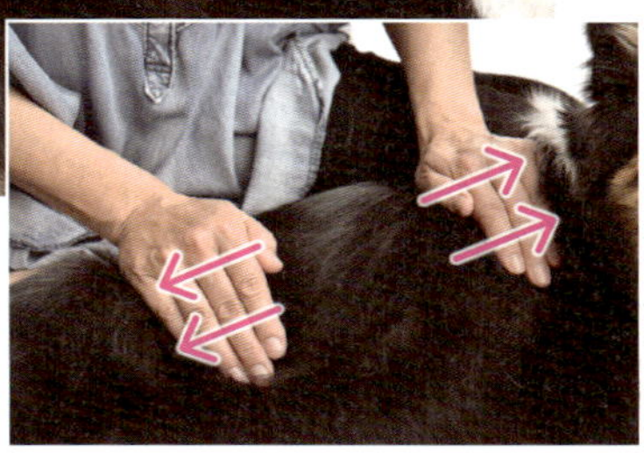

9 처킹(chucking)

등과 넓적다리 같은 큰 근육에 사용한다. 근섬유가 뻗는 방향에 따라 양손을 놓고 천천히 피부를 모아준다.
양손이 최대한 가까워지면 다시 피부를 펼치 듯 스트레칭을 시켜준다.
근육의 긴장을 이완하고 근섬유를 스트레칭하여 관절로 가는 힘줄에 대한 부담을 덜어주는 효과가 있다.

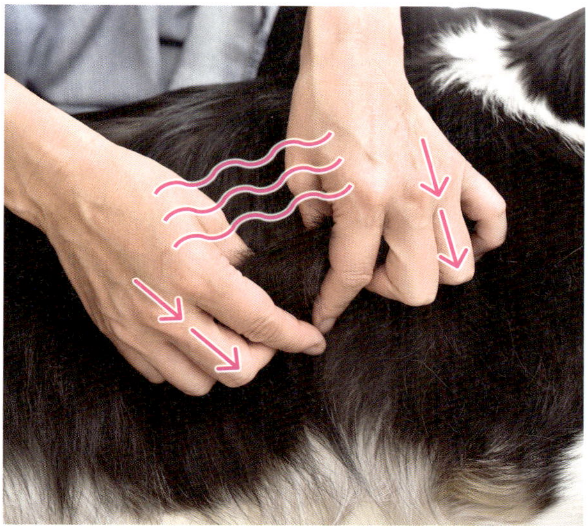

10 피부 말기(Skin Rolling)

양손의 엄지와 검지로 반려견의 피부를 잡아서 들어올리고 말아준다. 이 동작을 반복하여 진행하여 준다.
롤링은 피부를 이완시켜 근육이 충분히 따뜻하게 한 다음 시행하며 동작은 짧게 가벼운 힘으로 마사지한다.

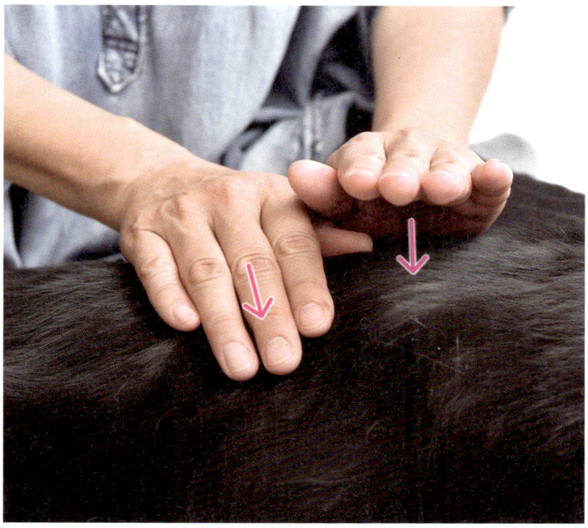

11 가볍게 두드리기(tapping)

손가락 끝이나 손바닥을 사용해 토닥토닥 피부를 가볍게 두드린다.
일정한 속도로 가볍게 터치해준다.

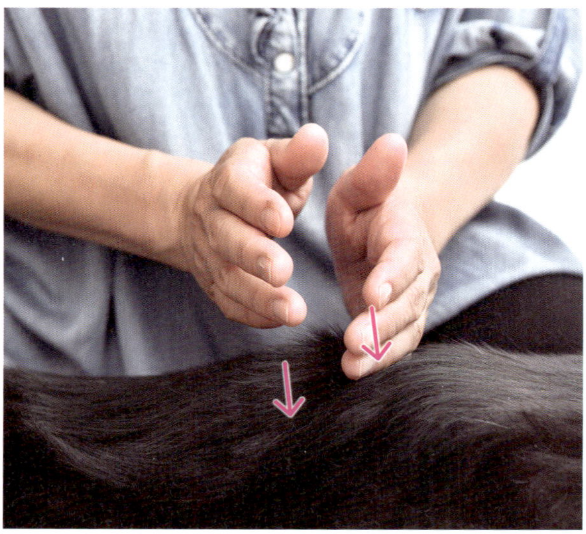

12 찹핑(chopping)

양손 또는 한 손의 손바닥을 세워 새끼손가락의 측면으로 일정한 속도로 가볍게 두드려준다.

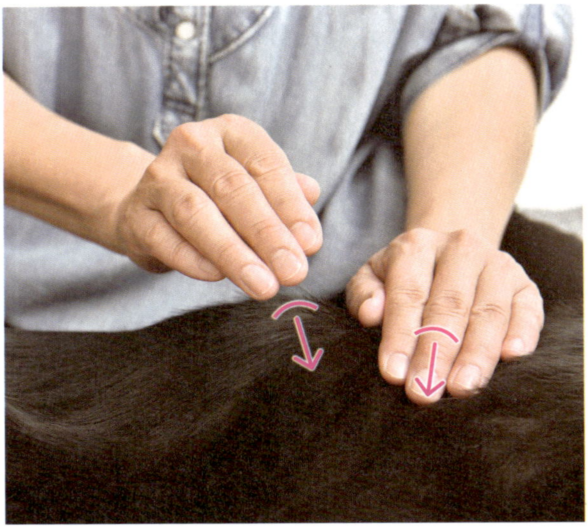

13 컵핑(cupping)

손가락을 붙이고 손바닥을 오목하게 하여 손 안에 공기가 찬 것처럼 가볍게 두드린다.
반려견 몸의 넓은 부위와 두꺼운 근육에 적용한다.
마사지 부위에 자극을 주어 순환을 촉진시킨다.

14 살짝 꼬집기(pincement)

엄지와 집게손가락을 이용해 털을 집어 올리는 동작이다.
몸을 덮고 있는 털 안쪽 피부를 집으면서
위로 미끄러지듯이 튕기는 동작을 반복한다.
근육의 긴장을 완화하고 혈류를 좋게 한다.

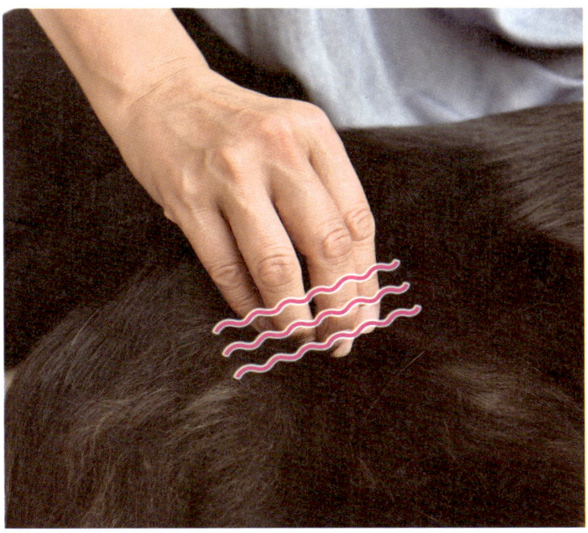

15 진동법(vibrating)

손바닥이나 손가락 끝을 이용하여 심부에 전달되도록 몇 초간 미세한 진동을 가했다 손을 뗀다.
진동법은 피부를 흔드는 것이 아니라, 진동을 주는 것이다. 무딘감각과 자율신경에 자극을 주어 감각신경을 향상시키며 근육에 진정과 이완, 통증 감소에 효과적이다.

마사지를 시작할 때, 반려견의 몸, 마음의 상태를 안다.

목적

이완을 촉진하고 마사지를 대비하여 만져서 감지한다.

손에 의식을 집중하고 반려견의 몸에서부터 "정보"를 감지한다.

마사지를 시작할 때 손바닥으로 몸 전체를 스트로킹 하여 그날의 상태를 만져서 감지한다.

마사지가 끝날 때도 시행한다. 시행한 모든 마사지를 통합하도록 한다.

몸 전체를 스트로킹하는 것은 시작의 신호, 그리고 마사지가 끝나는 신호도 된다. 반려견에게 시행하는 것을 알리는 것도 중요하다.

손으로 하는 바디체크

- 체온
- 열감 부위
- 냉감 부위
- 긴장 부위
- 근육의 경직(뻣뻣함)
- 좌 · 우의 대칭성
- 상대적인 근육량
- 체형
- 탄력성
- 종창(swelling)
- 부종(edema)
- 응어리
- 피모 상태
  (건조하고/비듬이 있다, 기름기가 많다, 탈모)
- 싫어하는 부위
- 아파하는 부위는 없는가?

사용하는 기법

스트로킹

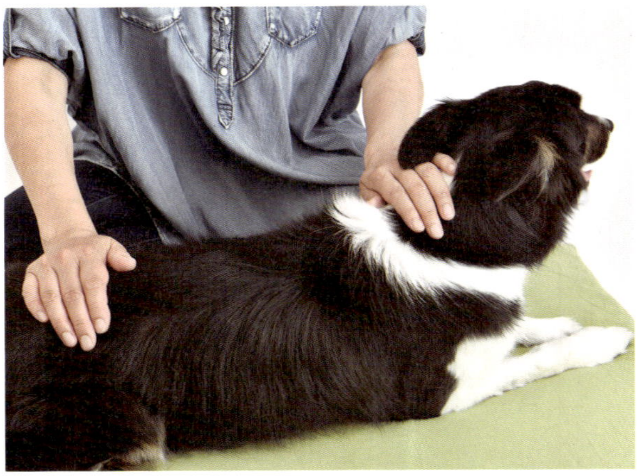

1

손가락을 가지런히 모아 손바닥을 머리와 목 부위에 놓는다. 스트로킹은 마사지를 시작한다는 신호이기도 하다.

2

머리 뒤쪽부터 꼬리까지 손을 밀착시켜 멈춤없이 또는 끊기지 않게 쓰다듬어 준다.

3

어깨에서부터 앞다리의 발끝까지 쓰다듬어 내린다.
발끝은 손가락을 가지런히 하여 지면으로 쓰다듬어 내리도록 한다.

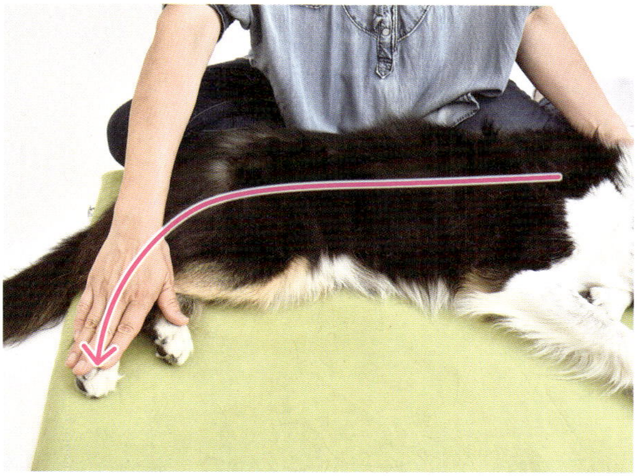

4

어깨에서부터 몸의 측면을 지나 엉덩이 아래쪽까지, 그리고 뒷다리도 앞다리와 마찬가지로 스트로킹을 한다.

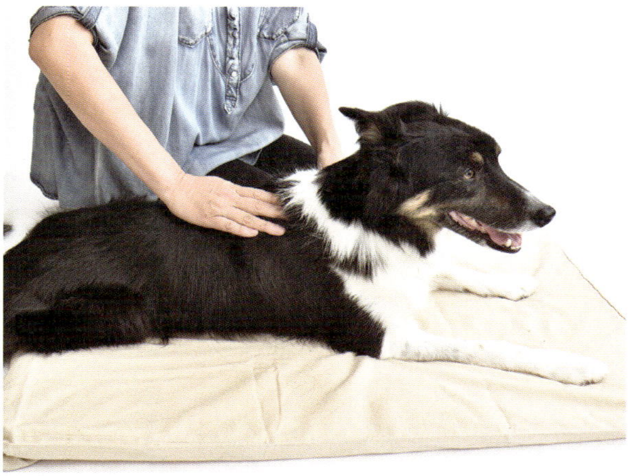

5

반대쪽도 마찬가지로 한다.

목의 긴장이 감소되면 앞다리와 신체의 움직임이 향상된다.

목적

올려다보는 자세와 스트레스는 목 주변 근육에 부하를 준다. 이 부위의 마사지는 움직임을 부드럽게 하여 앞다리의 움직임을 향상시킨다.

목 주위의 긴장은 신체의 균형에 영향을 준다.

목은 반려견 몸 전체의 균형을 잡기 위한 중요한 역할을 담당하고 있다. 달릴 때와 전진할 때 뒷다리를 지면에서부터 들어올리기 쉽게 하기 위해 머리에 움직임을 준다.

목은 스트레스 포인트가 형성되는 부위가 많아 긴장되기 쉽다. 머리 뒤쪽이나 널판근(판상근), 마름모근(능형근), 등세모근(승모근)이 긴장하면 머리를 아래로 펴기 어려워진다.

목 주위를 마사지함으로써 어깨, 앞다리의 움직임을 원활하게 한다.

목 주위가 긴장하는 원인

- 항상 착용하고 있는, 너무 조이거나, 무거운 목줄. 초크체인 같은 금속의 올가미같은 목줄
- 훈련 등에서 왼쪽다리 쪽으로 짚고 걷는 것에서 많은 시간이 강요되는 경우
- 목줄을 잡아당기는 경우
- 팔다리에 통증이 있는 경우(특히, 앞다리에 통증이 있는 경우에는 앞다리를 착지할 때는 목을 위로 올리려고 한다. 또한 뒷다리에 통증이 있는 경우에는 뒷다리를 착지할 때에 머리를 내리려고 한다).
- 목을 움추리는 자세를 흔히 취하는 소심한 반려견
- 소리에 대한 과민반응
- 시각장애인 안내견 등의 "사역견(working dog)".
- 원반, 공 등을 잡는 놀이를 많이 할 때

Point 1 목의 주요 근육

위팔세갈래근

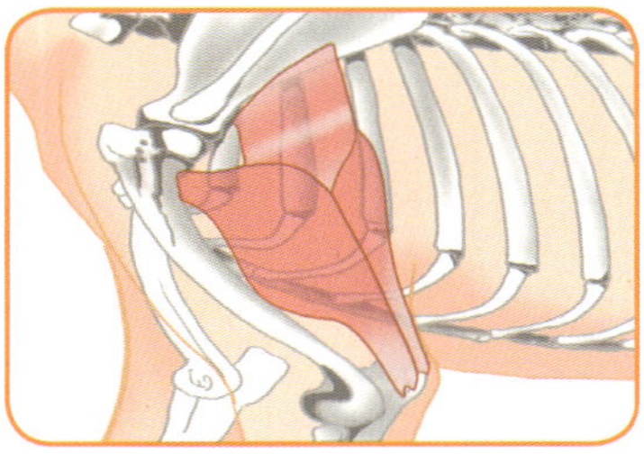

시작 : 위팔뼈의 어깨세모근 거친면
부착 : 머리 · 목 부위
기능 : 어깨관절의 폄근

복장뼈머리근

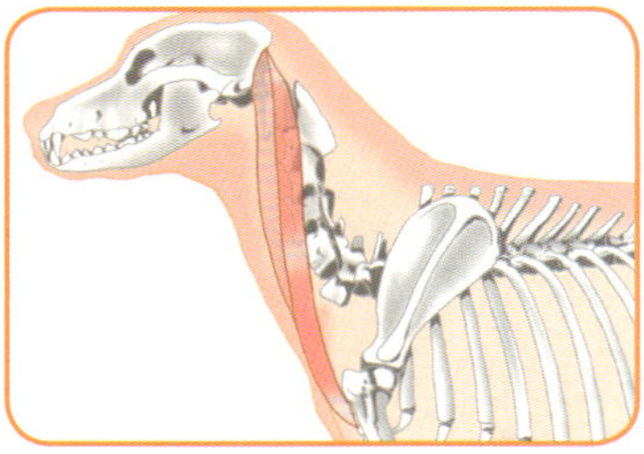

시작 : 복장뼈자루
부착 : 머리 부위
기능 : 머리 · 목 부위의 굽힘근

어깨가로근

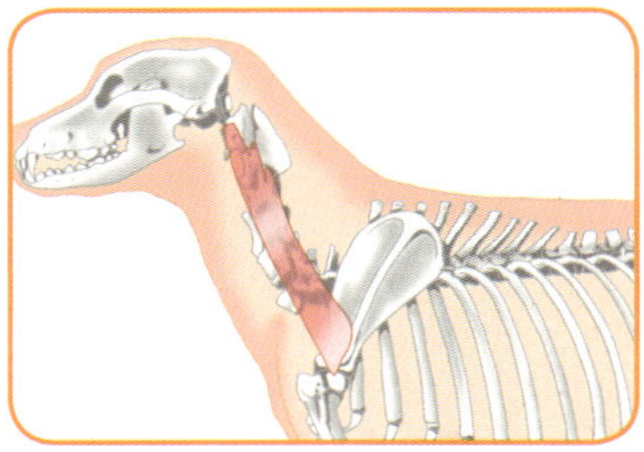

시작 : 어깨뼈가시 먼쪽 부위 및 어깨관절을 덮는 근막
부착 : 고리뼈날개
기능 : 어깨관절의 폄근 및 옆쪽회전

등세모근

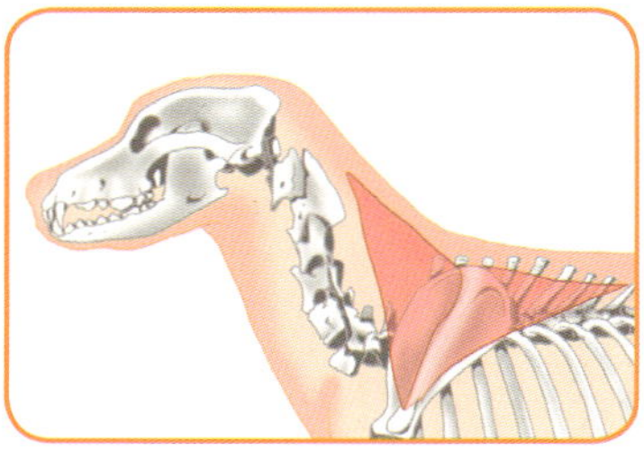

시작 : 제3목뼈~제3등뼈의 등쪽 정중선
부착 : 어깨뼈가시
기능 : 목과 머리도 들어올린다. 어깨뼈의 고정

빗장뼈머리근 목 부위

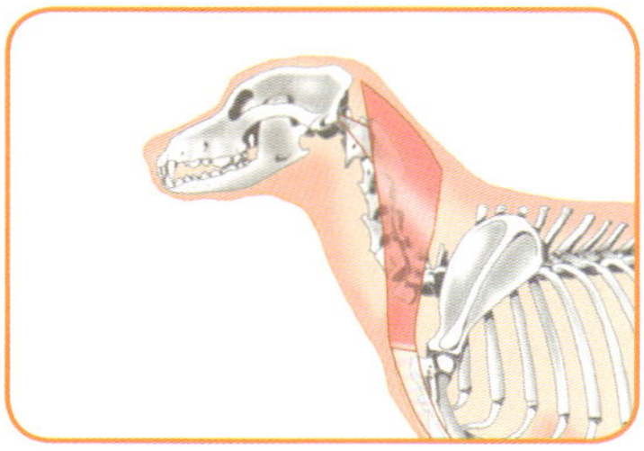

시작 : 목의 등쪽 정중선
부착 : 빗장뼈 그림
기능 : 어깨관절의 폄근

목의 얕은 근막

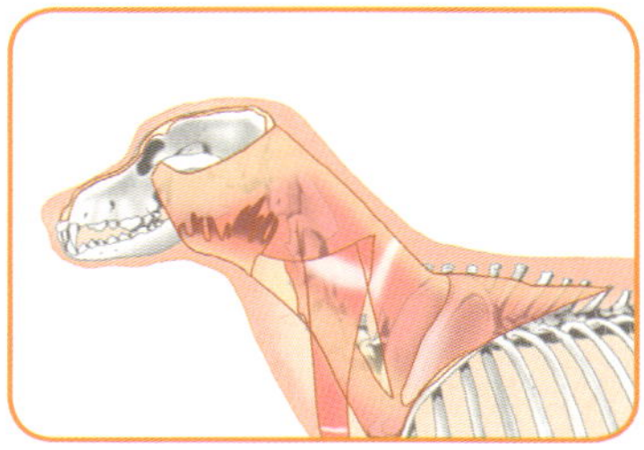

등세모근을 덮고 빗장뼈 머리 목 부위와 어깨가로근을 사이에 두는 근육사이 중격(septum)을 형성한다.

목의 배톱니근(복거근)

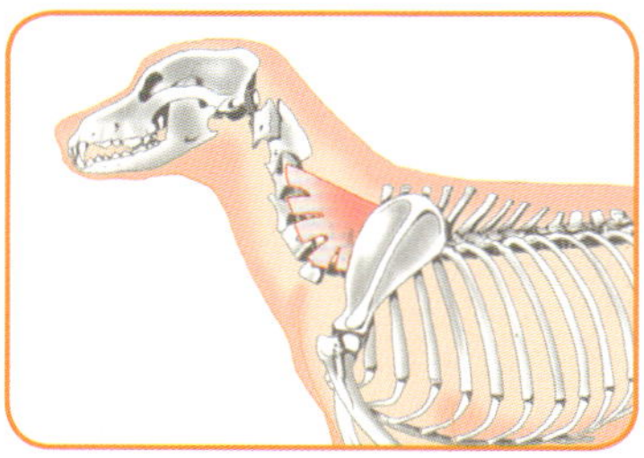

시작 : 어깨뼈 톱니근면의 앞부분
부착 : 제3~제7목뼈의 가로돌기
기능 : 몸통의 중량을 지지한다. 앞다리를 앞으로 당긴다.

널판근

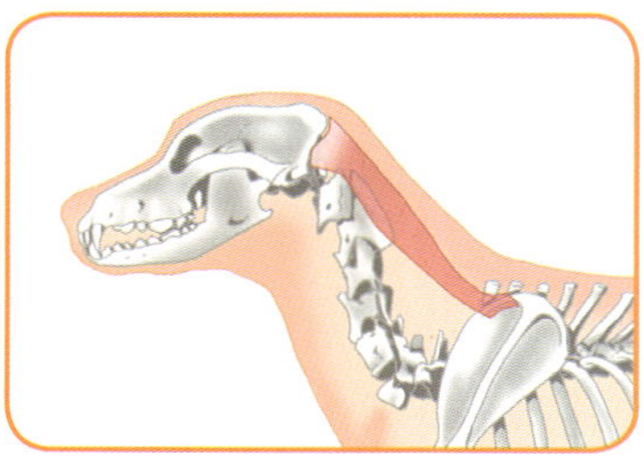

시작 : 목덜미인대 제1 및 제2등뼈의 가시돌기
부착부 : 목덜미선 및 꼭지돌기
기능 : 머리 · 목 부위의 폄 및 옆쪽회전

마름모근

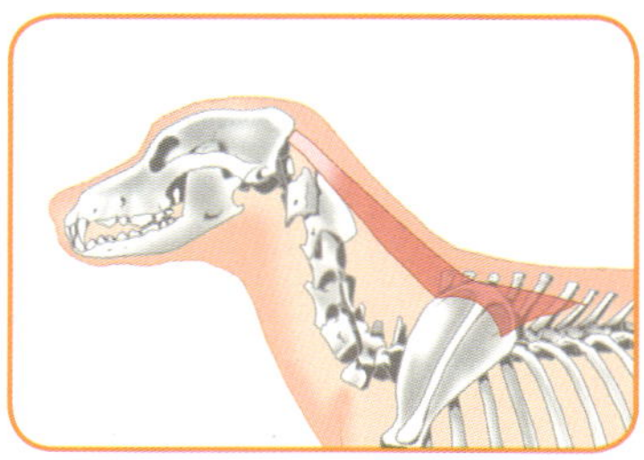

시작 : 제3목뼈~제3 등뼈의 등쪽 정중선
부착부 : 어깨뼈 등 모서리
기능 : 어깨뼈의 고정. 어깨뼈와 척주를 연결하는 근육

Point 2 목 주위의 주요 부위

복장뼈머리근, 빗장뼈머리근 목 부위, 등세모근, 널판근

\ 근육의 위치를 확인! /

〈 경계 지점 〉 고리뼈, 어깨뼈가시, 봉우리, 큰결절, 어깨세모근 거친면

1 근육의 시작(origin)에서부터 부착(insertion)까지 근섬유를 따라 스트로킹(stroking)을 한다.

먼저 귀밑에서부터 어깨의 관절, 귀밑에서부터 어깨뼈의 등 모서리 목뼈에서부터 어깨뼈가시를 향해 점진적으로 (부드럽게) 스트로킹을 한다.

손바닥 전체(소형견에는 손가락 전체)를 사용해서 스트로킹을 하여 피부의 감촉, 반려견의 반응을 잘 관찰하자. "지금부터 여기를 마사지한다는 것을 알리는" 시작신호가 된다.

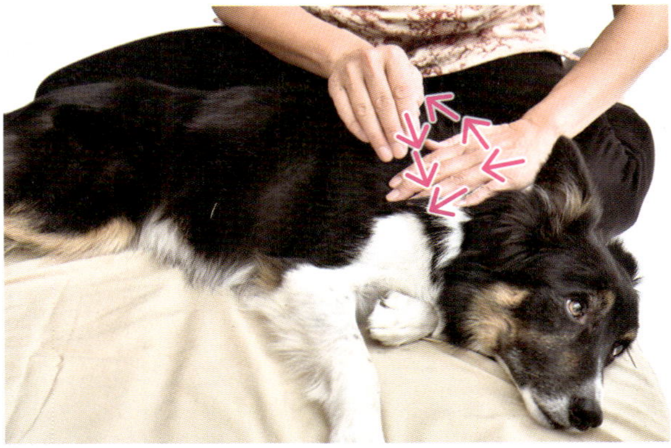

2 에플루라지(effleurage)로 근육을 따뜻하게 한다.

스트로킹을 한 부위에 손바닥 전체(소형견에는 손가락을 사용해서)를 위에서부터 아래로, 또한 아래에서부터 위로 반복하고 손을 좌 · 우 번갈아 움직이면서 근육을 따뜻하게 한다.

3 근섬유에 대해서 수직으로 부드럽게 비틀기법(wringing)을 시행한다.

손이 움직이는 방향을 근섬유에 수직으로 하여 몸을 덮은 털 위를 미끄러뜨릴 수 있도록 한쪽 손을 맞은쪽, 먼 쪽의 손을 자기 앞쪽으로 향해서 번갈아 미끄러뜨린다. 근육의 긴장을 풀 수 있도록 한다.

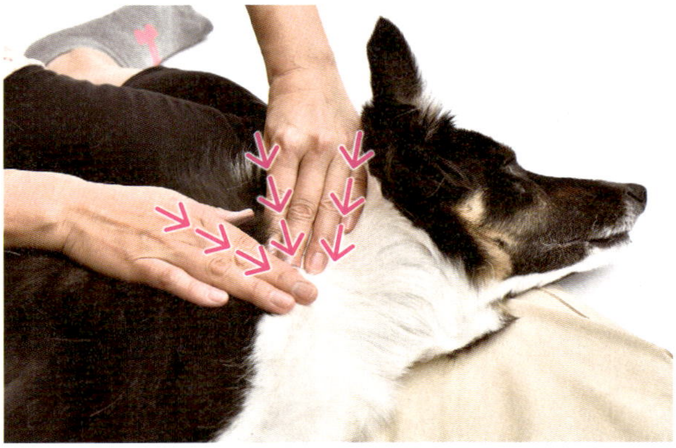

4 근섬유를 펴는 것처럼 4개의 손가락으로 니딩(kneading)을 한다.

엄지손가락은 고정하고 네 손가락 전체를 반려견의 몸에 바짝 붙여 좌 · 우 번갈아 아래에서부터 위로 움직여서 근육의 긴장을 풀어간다.
기본적 움직임, WES(Wringing, Effleurage, Stroking)로 노폐물을 림프로 흐르게 한다.

5 부드럽게 비틀기법

부드럽게 비틀기법으로 근육의 긴장을 없애고 근섬유에서부터 노폐물을 흘러가게 한다.

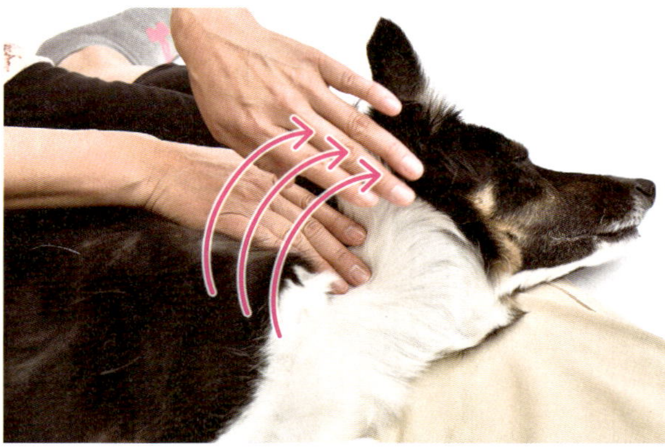

6 에플루라지(배출한다!)

에플루라지를 시행한다. 이때 에플루라지로 목에 가까운 귀밑샘(이하선) 림프에 근육의 노폐물 배출하도록 시행한 부위에서부터 림프의 방향으로 흘러가게 한다.

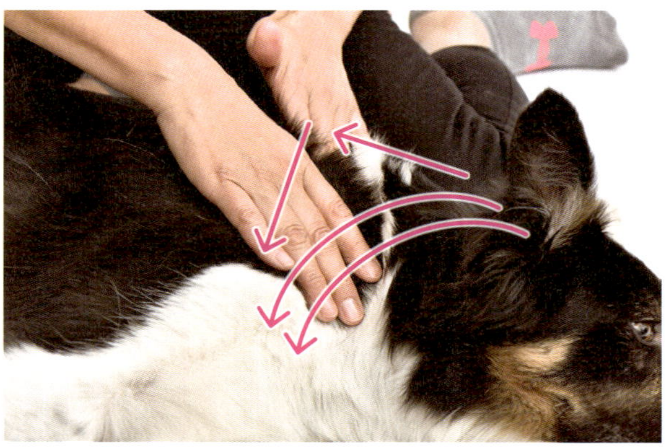

7 스트로킹으로 마사지를 마무리한다.

몸을 덮은 털을 따라 점진적인 스트로킹을 시행하여 부위를 달래준다. 그 부위의 마사지가 끝나는 신호이다. 손을 멈추지 않고 스트로킹을 하면서 다음 부위로 옮겨간다.

어깨의 유연성이 앞다리의 움직임을 편안하게 한다! 깊은 호흡을 촉진한다.

목적

어깨뼈의 가동범위를 넓히고 앞다리가 원활하게 움직이도록 한다.

어깨가 이완되면 호흡에까지 영향을 준다.

어깨의 근육이 긴장하면 어깨의 움직임이 나빠져 보폭이 좁아지고 몸 전체 움직임의 조화를 이루기 어려워진다.

이것에 의해서 몸의 뒷부분에 보상성의 긴장이 일어나는 경우가 있다. 어깨를 마사지함으로써 어깨뼈의 가동범위를 넓히고 앞다리의 원활한 움직임을 돕는다.

또한 어깨뼈가 이완함으로써 폐에 공기를 거두어 들이기 쉬워지고 호흡기계에 좋은 영향을 준다.

특히, 목줄을 잘 잡아당기는 반려견, 원반(disk)을 갖고 노는 반려견, 점프를 잘 하는 반려견, 장애물 경주를 하는 반려견, 시각장애인의 길을 안내하는 반려견, 그리고 나이가 많은 반려견(senior dog)에 시행한다.

가쪽 목 삼각을 기억하자!

가쪽 목 삼각이란 등세모근 목 부위, 어깨가로근, 빗장뼈머리근 목 부위로 에워싸인 부분을 말한다. 이 부분을 마사지한다.

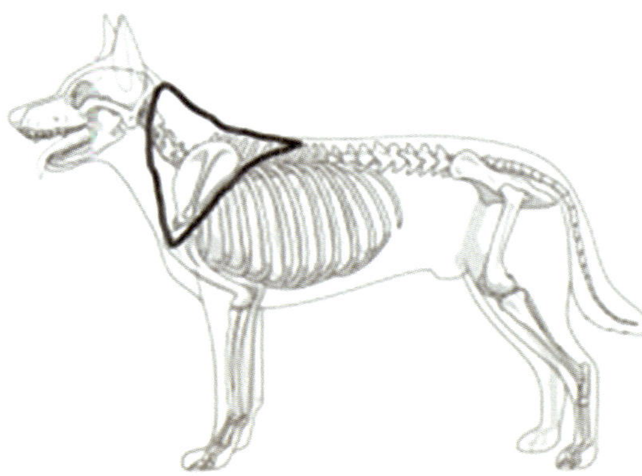

Point 1 어깨의 주요 근육

등세모근

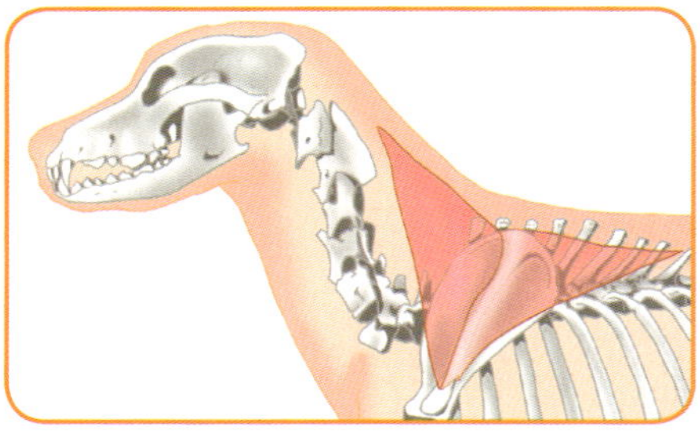

등세모근 목 부위

시작 : 제3목뼈~제3등뼈의 등쪽 정중선

부착 : 어깨뼈가시

등세모근 가슴 부위

시작 : 제3등뼈~제8등뼈의 등쪽 정중선

기능 : 어깨뼈의 고정, 앞다리의 올림과 벌림(외전)

가시위근

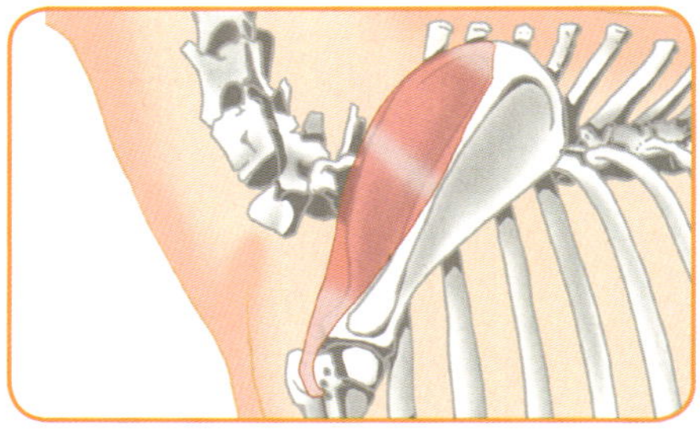

시작 : 가시위오목

부착 : 2개의 힘줄에서 위팔뼈 큰결절에 끝난다.

기능 : 어깨의 폄근

가시아래근

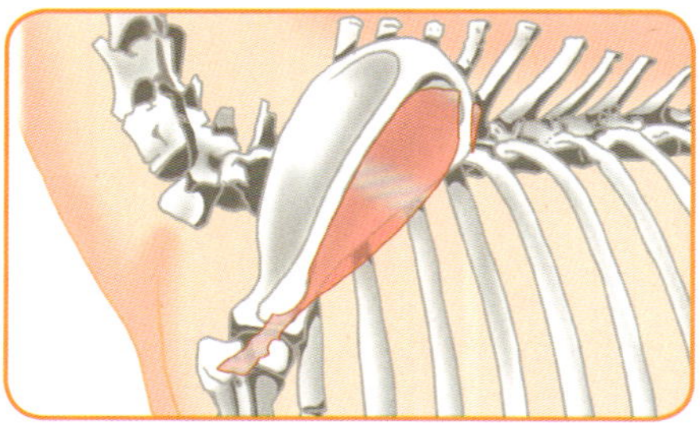

시작 : 가시아래오목

부착 : 위팔뼈 큰결절의 뒷부분을 건너 큰결절 먼쪽 부위의 가시아래근 거친면에 끝난다.

기능 : 어깨관절의 폄과 굽힘을 돕는다.

어깨세모근

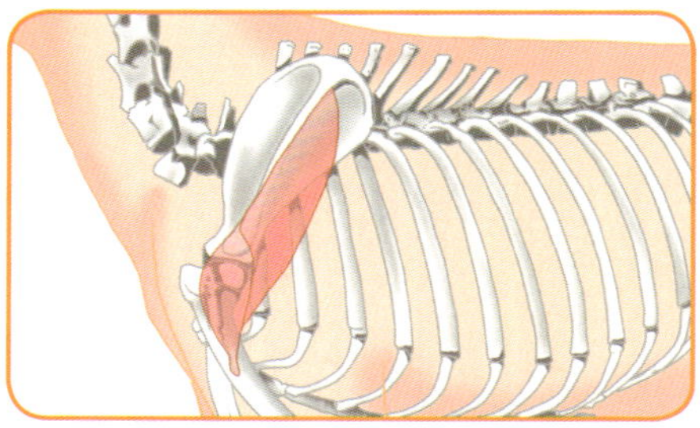

시작 : 위팔뼈머리의 뒷면

부착 : 위팔세갈래근 이외의 세갈래와 함께 팔꿈치머리에 끝난다.

기능 : 팔꿈치의 폄근

어깨가로돌기

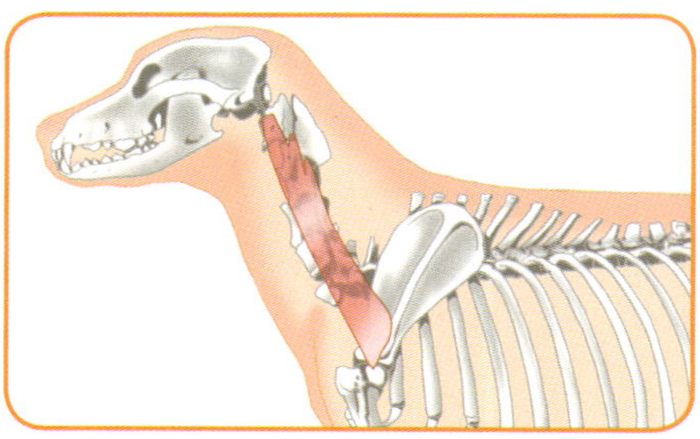

시작 : 봉우리(견봉), 어깨뼈가시 먼쪽 부위 및 어깨관절을 덮는 근막

기능 : 어깨관절의 폄근 및 옆쪽 회전

Point 2 어깨의 주요 부위

가시위근, 가시아래근, 등세모근

\ 근육의 위치를 확인! /

〈 경계 지점 〉 어깨뼈가시, 어깨뼈 등 고서리, 큰결절

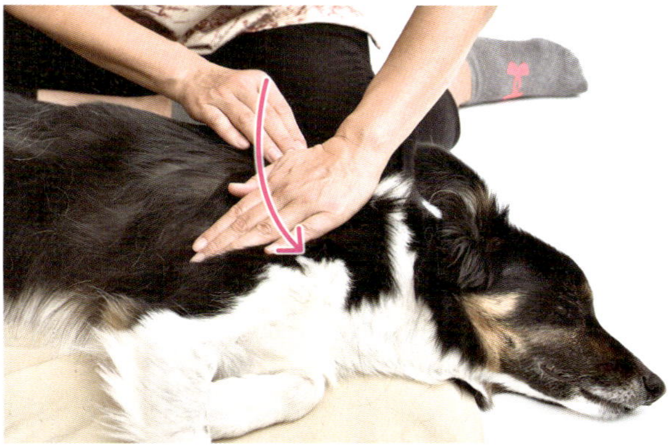

1 스트로킹

척추에서브터 어깨뼈가시의 각도를 따라 큰결절까지 가시위근과 가시아래근을 스트로킹하고 몇 번 쓰다듬어 내린다.

2 에플루라지

같은 부위를 에플루라지로 상 · 하로 반복하여 근육을 따뜻하게 한다.

3 부드럽게 비틀기법

가시위근과 가시아래근, 목의 배톱니근을 점진적으로 부드럽게 비틀기법(wringing)을 하여 근육을 이완시킨다.

4 니딩

가시위근, 가시아래근을 봉우리에서부터 등 모서리를 향해서 엄지손가락으로 니딩(kneading)을 한다(20초마다 에플루라지).

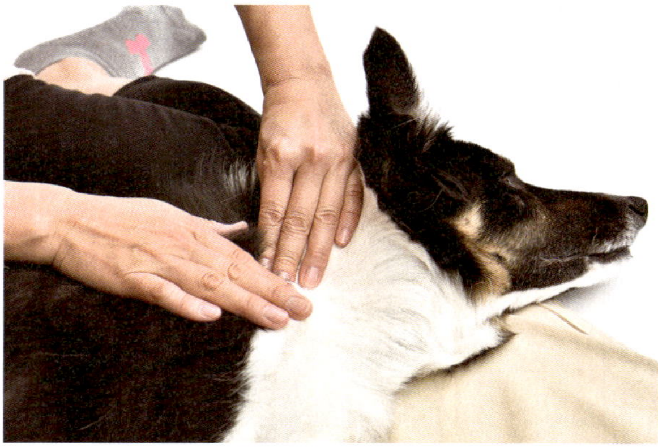

5

어깨뼈가시의 각도를 따라 부드럽게 비틀기법, 에플루라지로 겨드랑이 림프에 배액하고 스트로킹을 한다.

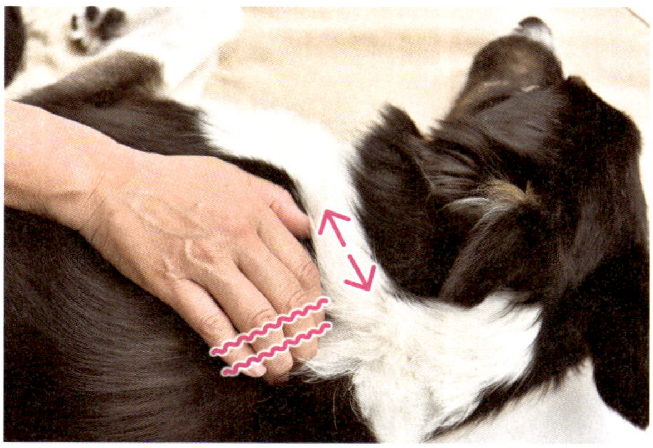

6 마찰법

어깨뼈가시의 각도에 손가락을 따라가게 하고 어깨뼈와 등세모근의 부착부에 마찰법(friction)을 시행한다.

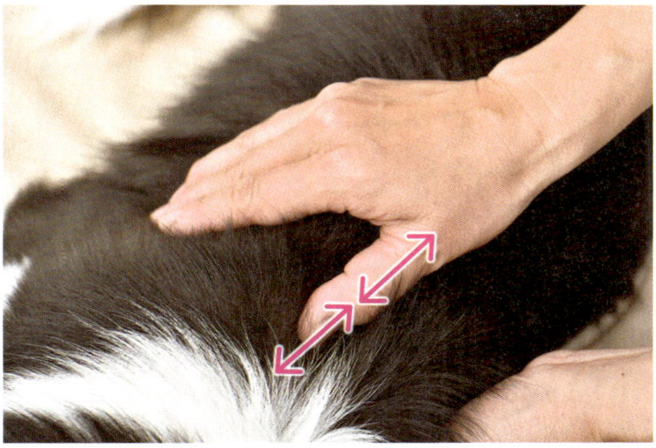

7

어깨뼈 등 모서리와 척추의 사이, 등세모근을 가볍게 쓰다듬는다.

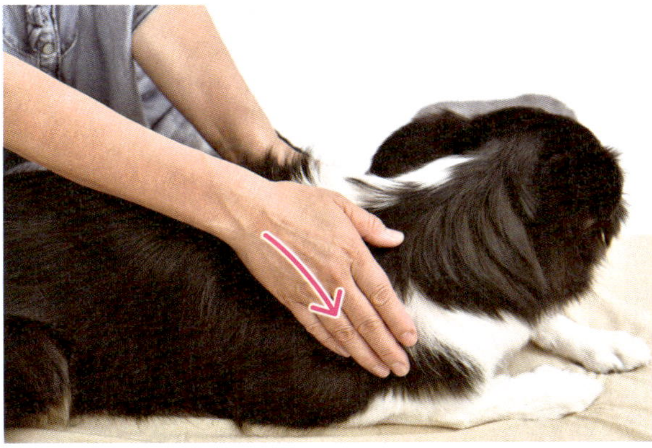

8 스트로킹

스트로킹으로 마사지를 시행한 부위를 진정시키면서 끝낸다.

앞다리

아래팔 부위의 근육을 유연하게 함으로써 앞발의 버티는 힘을 향상시킨다.

목적

체중을 지지하는 중요한 앞다리. 각 관절의 가동범위를 넓힘으로써 몸이 안정된다.

몸 전체를 안정시키고 부상 예방이 된다.

반려견은 앞다리로 몸의 60~70%의 체중을 지지하고 있다. 식사를 할 때, 냄새를 맡을 때 등, 앞다리의 강인한 버티는 힘이 필요한 일상에서의 동작이 많이 있다. 많은 체중을 지지하고 있는 앞발은 뒷발의 발끝과 비교하여 커져 있다.

걸을 때나 달릴 때에도 어깨뼈의 움직임부터 시작하고 관계되는 등세모근, 가시위근, 가시아래근, 그리고 위팔부분, 아래팔부분 근육의 유연성이 관절의 가동범위에 영향을 준다. 일상의 다양한 움직임을 쉽도록 하기 위해서 앞다리를 마사지한다.

앞다리를 마사지함으로써 어깨관절, 팔꿉관절, 손목관절의 가동범위가 넓어지고 원활한 움직임을 돕는다. 발끝의 마사지에 의해서 앞다리의 착지를 촉진하고 확고하게 지면을 힘껏 밟을 수 있으며 몸 전체가 안정된다.

이러할 때는?

만약 발끝이 만져지는 것이 싫은 경우에는 만져도 괜찮은 부위부터 손가락 전체의 등쪽으로 발끝까지 만져가서 터치되는 것이 그렇게 싫은 것은 아니라는 것을 알게 하여 조금씩 익숙해지게 한다.

Point 1 앞다리의 주요 근육

위팔세갈래근

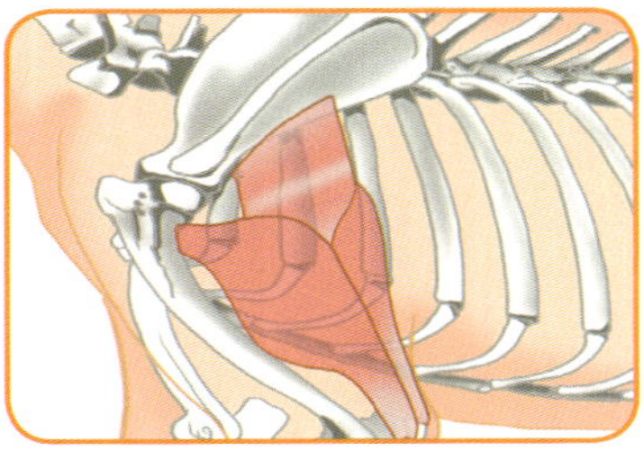

시작 : 어깨뼈의 뒤 모서리, 가쪽머리
부착 : 위팔세갈래근 이외의 세갈래와 함께 팔꿉치머리에 끝난다.
기능 : 어깨의 굽힘근 및 팔꿈치의 폄근

어깨세모근

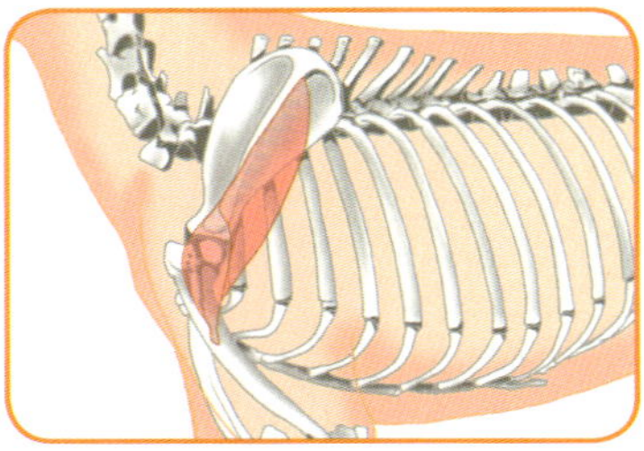

시작 : 봉우리, 어깨뼈가시
부착부 : 위팔뼈의 어깨세모근 거친면
기능 : 어깨관절의 굽힘근 및 가쪽회전근, 앞다리의 벌림근

위팔두갈래근

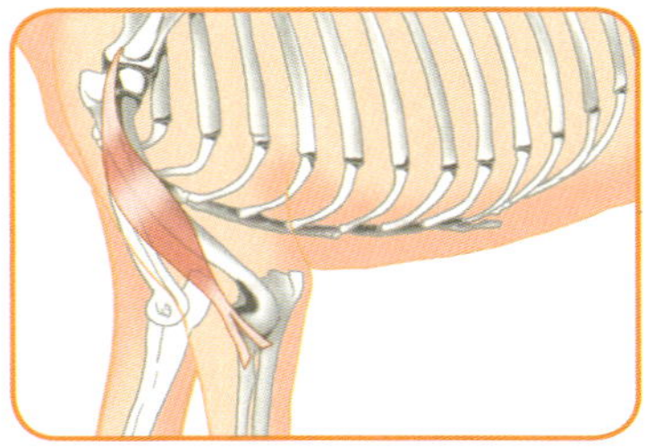

시작 : 어깨뼈의 관절위결절
부착 : 노뼈와 자뼈의 안쪽 모서리의 몸쪽 부위
기능 : 팔꿈치의 폄근, 어깨의 폄근 및 뒤침근

뼈사이근

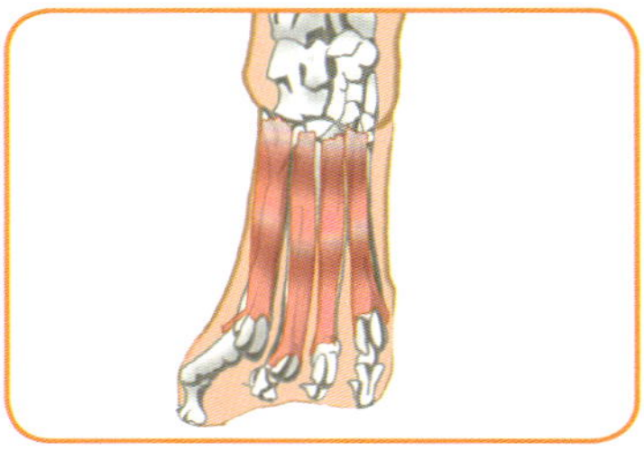

뼈사이근 및 굽힘근힘줄 소매

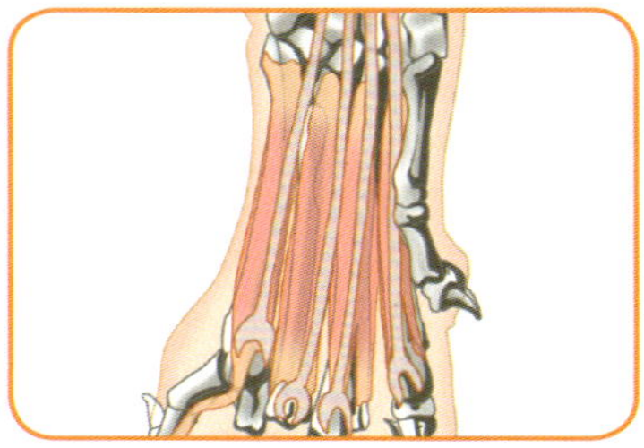

시작 : 제2, 제3, 제4 및 제5 손허리뼈의 몸쪽 끝
부착 : 각 근육이 2개의 힘줄에서 끝나고 그 1개는 손바닥쪽 종자뼈에 부착하며 또 1개는 대응하는 손가락의 등면에 걸쳐서 첫마디뼈(기절골)의 위치에서 손가락폄근힘줄과 합하여 하나가 된다.
기능 : 손허리손가락관절(중수지절관절)을 움직이지 못하도록 붙잡고 손가락의 폄과 굽힘을 돕는다.

위팔근

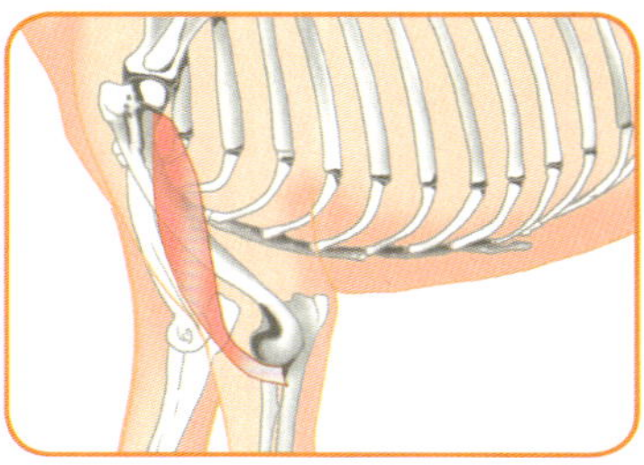

시작 : 위팔뼈의 뒤 가쪽면
부착 : 노뼈와 자뼈의 앞부분 및 안쪽부분의 팔굽관절의 먼쪽
기능 : 팔꿈치의 굽힘근

노쪽손목근

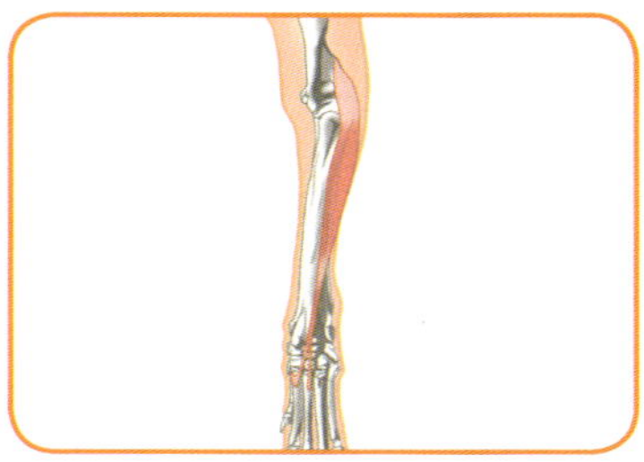

시작 : 위팔뼈 가쪽위관절융기
부착 : 제3손허리뼈 몸쪽 끝
기능 : 손목관절의 폄과 고정

Point 2 앞다리의 주요 부위

위팔세갈래근, 어깨세모근, 위팔두갈래근, 위팔근

\ 근육의 위치를 확인! /

〈 경계 지점 〉 봉우리, 큰결절, 위팔뼈의 가쪽위관절융기, 자뼈의 팔꿈치머리융기

위팔부분

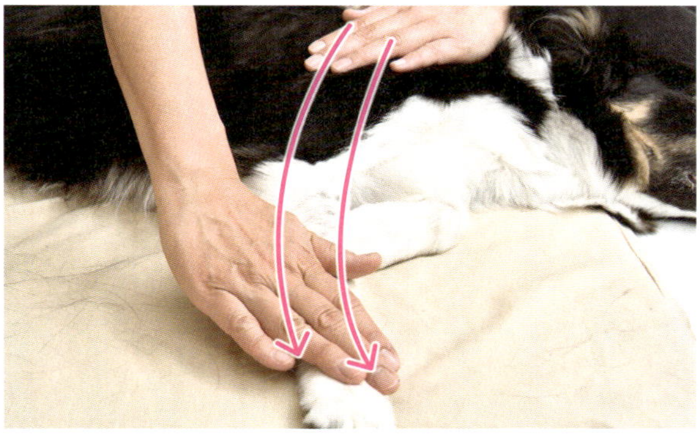

1 스트로킹

어깨를 마사지한 후, 그대로 어깨뼈의 등 모서리에서부터 발끝까지 몇 번 점진적으로(부드럽게) 쓰다듬어 내린다.

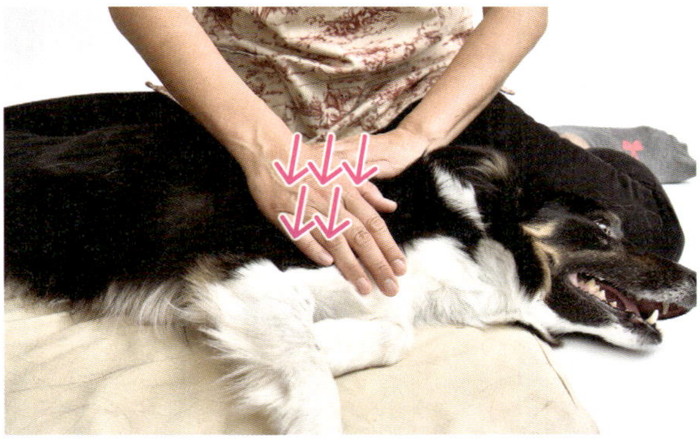

2 에플루라지

봉우리를 기준으로 위팔부분의 아래에서부터 발끝까지 위팔근, 위팔세갈래근을 에플루라지를 상 · 하로 여러 번 반복하여 따뜻하게 시행한다.

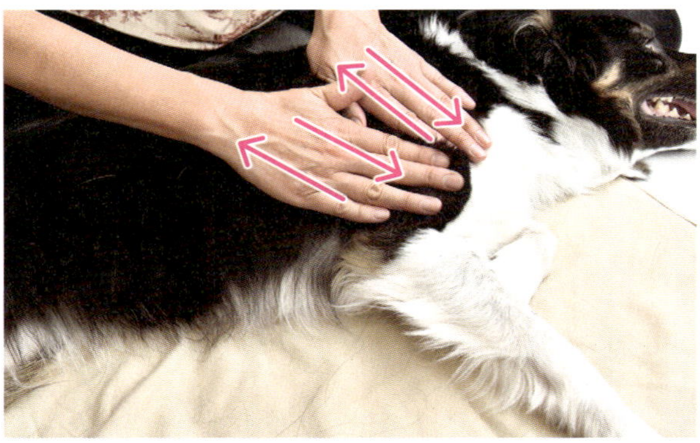

3 부드럽게 비틀기법

봉우리(견봉)를 기준으로 위팔뼈의 아래에서부터 팔꿈관절 몸쪽까지 부드럽게 비틀기(wringing)를 한다.
주의 : 부드럽게 비틀기법이 팔꿈관절에 부딪치지 않도록 할 것.

4 비틀기 기법(squeezing)

스트로킹을 교차시키면서 위팔세갈래근, 위팔두갈래근, 어깨세모근을 스퀴징 한다. 오른손, 왼손과 바꿔서 시행하면 좋을 것이다. 때때로 에플루라지로 겨드랑이 림프로 향해서 배액한다.

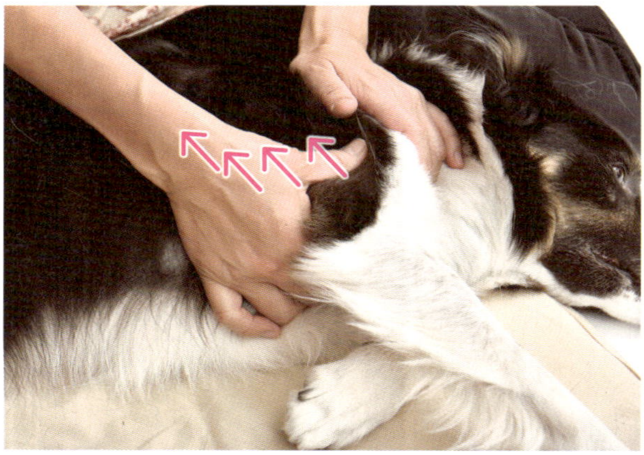

5 니딩

팔꿉관절의 위에서부터 위팔근의 큰결절, 봉우리로 향해서 엄지손가락으로 니딩을 한다. 위팔세갈래근의 힘줄을 이완한다. 처음에는 가볍게, 그리고 조금씩 반려견의 반응을 보면서 압력을 가해도 상관없다.

6 WES(부드럽게 비틀기 기법, 에플루라지, 스트로킹)

이제까지 시행한 부위를 부드럽게 비틀기 기법(W), 에플루라지(E)로 겨드랑이 림프로 향해서 배액한다. 그리고 스트로킹(S)으로 진정시킨다.

아래팔 부분

7 스트로킹

위팔부분에서부터 발끝까지 스트로킹을 한다.

8 에플루라지

손목관절의 위에서부터 팔꿉관절의 아래까지 쓰다듬어 올린다.

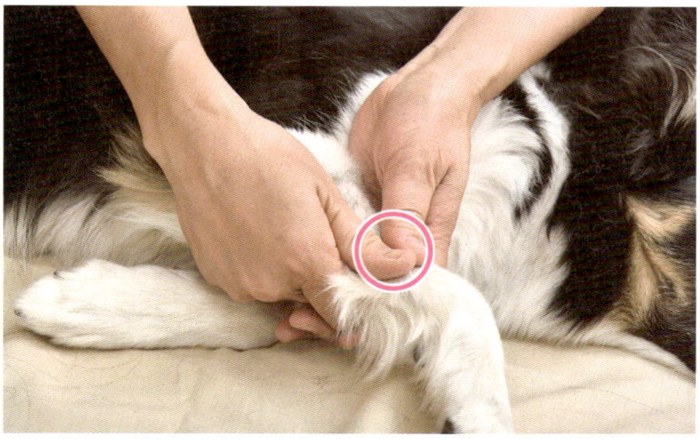

9 압박법(compression)

손목관절의 위에서부터 위팔부분의 시작 지점으로 향해서 부위를 몇 번으로 나눠서 압박법을 시행한다.
주의 : 관절 위에는 시행하지 않을 것.

손목부분~발끝

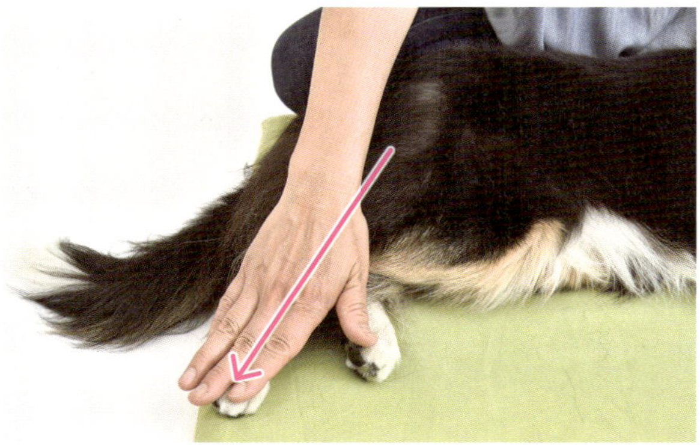

10 스트로킹

발끝까지 지긋이 쓰다듬어 내리도록 스트로킹을 시행한다. 만약 싫어하면, 손의 등쪽으로 한다.

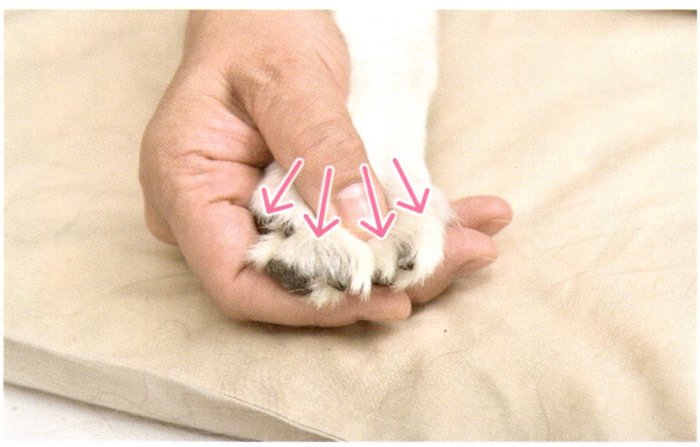

11 뼈와 뼈 사이를 가볍게 문지른다.

만약 반려견이 받아주면, 엄지손가락의 손가락 끝을 사용해서 발끝을 발가락 끝으로 향해서 뼈 사이를 가볍게 문질러간다.

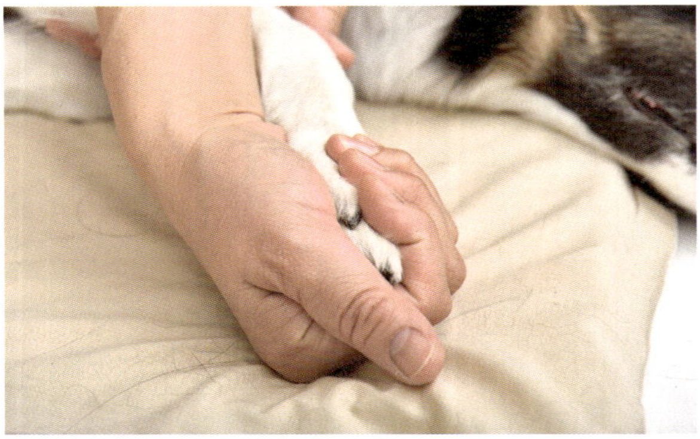

12 압박법

반려견 발바닥의 볼록하게 나온 부드러운 패드 부분과 손바닥으로 감싸서 압력을 가한다. 6초에 걸쳐서 천천히 압력을 가하고 천천히 압력을 푼다.

주의 : 반려견의 반응을 보면서.

마지막으로(마무리한다)

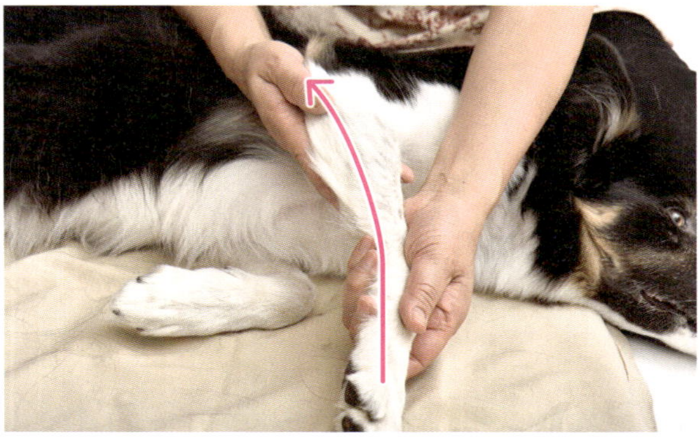

13

발끝에서부터 앞다리의 시작 지점까지 전체적으로 쓰다듬어 올린다.

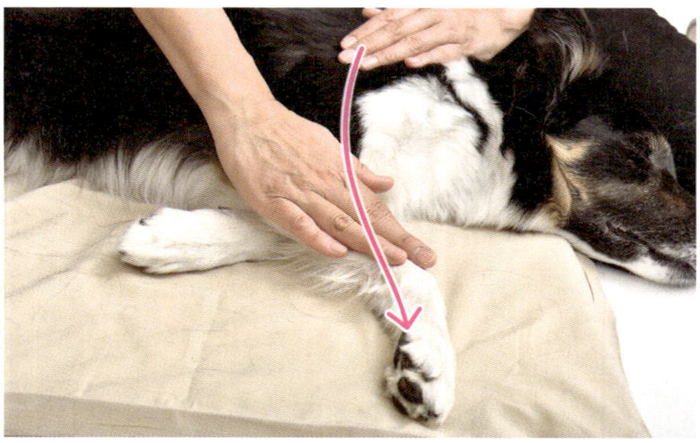

14

마지막은 앞다리의 시작 지점에서부터 발끝까지 몸을 덮고 있는 털을 진정시키는 것처럼 스트로킹 한다.

머리를 들어올리기 쉬워짐으로써 보행할 때 원활한 움직임으로 연결된다.

목적

목 부위의 가동범위가 증가하여 머리를 올리고 내리는 것이 편안해진다. 심호흡을 촉진한다.

경직되기 쉬운 가슴을 풀어줌으로써 혈류를 올린다.

명치 부위를 마사지함으로써 어깨가 지나치게 올라가는 것을 편안하게 하여 원활한 움직임을 돕고, 또한 흉부가 이완함으로써 머리가 올라가기 쉬워져 몸 전체의 움직임을 돕는다. 공기를 폐에 거둬들이기 쉽게 한다.

나이가 많은 반려견이나 시각장애인을 안내하는 반려견 (guide dog; 맹도견) 같은 사역견(working dog)에게도 필요한 마사지 부위이다.

Point 1 명치 부위의 주요 근육

복장뼈머리근

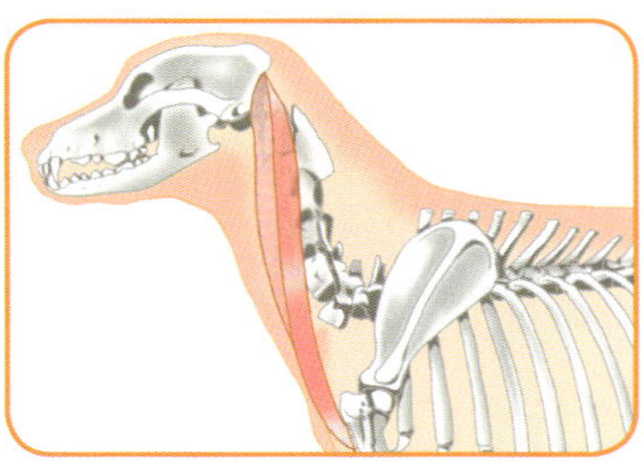

시작 : 관자뼈의 꼭지돌기
부착 : 복장뼈자루
기능 : 머리 · 목 부위의 굽힘근

얕은가슴근

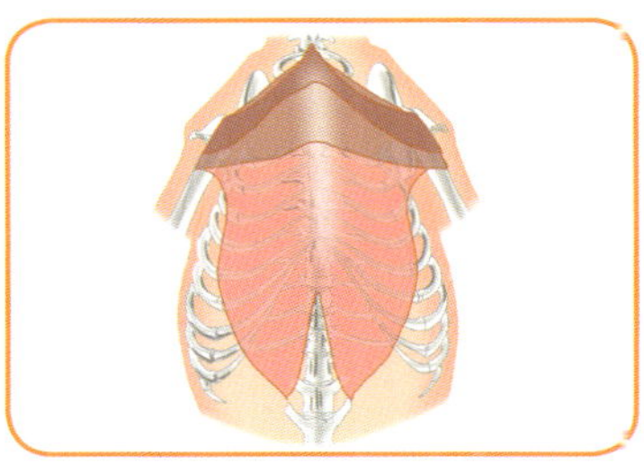

시작 : 복장뼈자루
부착 : 위팔뼈의 큰결절능선
기능 : 앞다리의 모음근 및 어깨관절 폄근

깊은가슴근

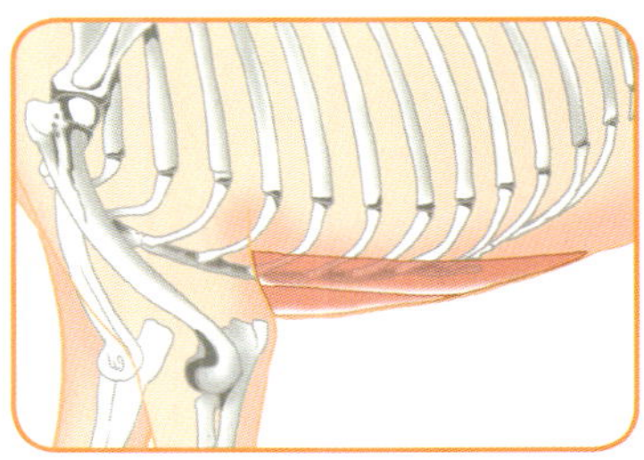

시작 : 깊은 몸통근막
부착 : 위팔뼈 작은결절
기능 : 앞다리를 뒤로 당긴다. 몸통을 머리쪽으로 움직인다. 어깨관절의 폄

Point 2 앞가슴 부위의 주요 부위

빗장뼈위팔근, 복장뼈머리근, 얕은가슴근

\ 근육의 위치를 확인! /

〈 경계 지점 〉 큰결절, 관자뼈의 꼭지돌기, 복장뼈자루, 어깨세모근 거친면

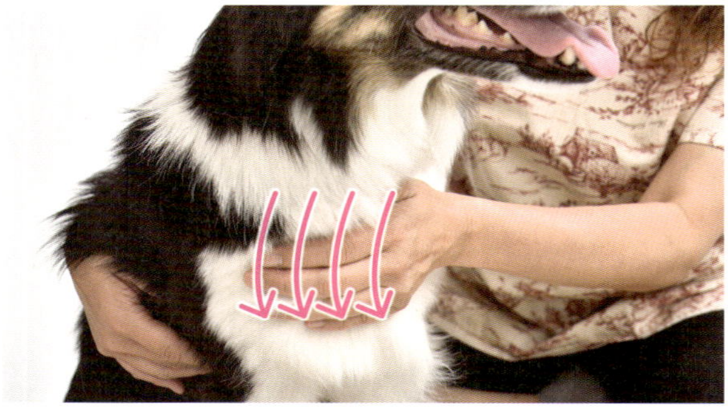

1

앞가슴을 스트로킹으로 쓰다듬어 내린다.

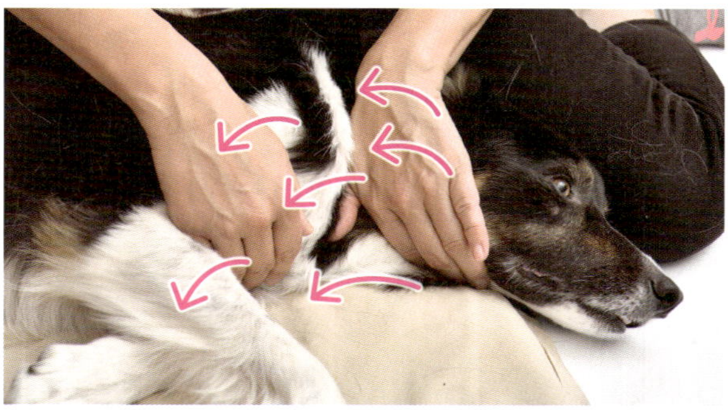

2

같은 부위에 에플루라지로 근육을 따뜻하게 해준다.

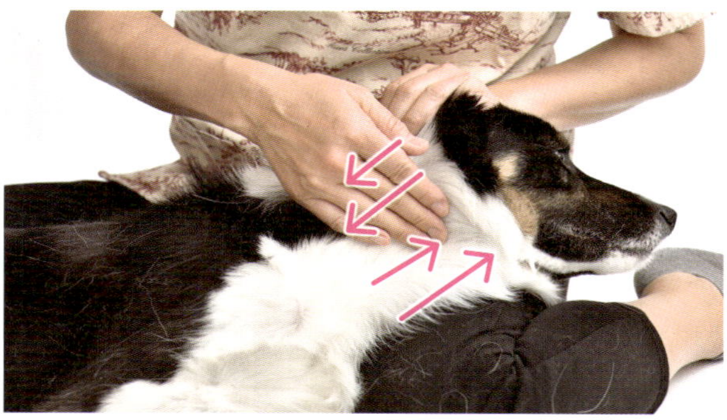

3

빗장뼈위팔근, 복장뼈머리근의 근섬유를 따라 니딩, 에플루라지를 시행한다.

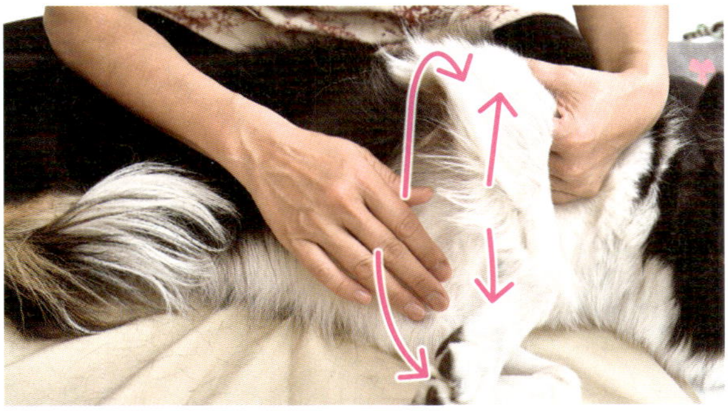

4

얕은 가슴근에 니딩, 에플루라지로 겨드랑이 림프를 향해서 배액한다.

5

앞가슴 부위에 흔들기 기법을 시행한 후, 아래팔 부위 전체에 WES를 시행한다.

주의 : 복장-목뿔근(흉골설골근) 의 위에 압력을 가하여 마사지를 하지 않을 것.

등의 긴장을 풀어 근육 경직을 줄여주어 달리거나, 도약하거나, 운동에 대비한다.

목적

등 부위는 전신의 움직임에 영향을 준다.
유연성을 높여 몸 전체의 움직임을 좋게 한다.

등의 긴장은 전신에 영향을 미친다.

등의 가장긴근(최장근)이 긴장할 때 등의 아치가 둥글게 되거나 가라앉거나 하여 보행에 영향을 준다.

또한 머리의 위치도 낮아져 호흡도 얕아지고 자율신경의 균형도 잡기 어려워진다.

등 마사지는 긴장된 근육을 이완하여 몸 전체의 움직임과 유연성을 향상시키고, 호흡기계와 자율신경계에 좋은 영향을 주어 안정을 촉진시킨다.

등이 긴장하는 원인

- 목줄을 지나치게 잡아당긴다.
- 격렬한 운동
- 반복하는 움직임
- 뒷다리 통증
- 자신감 결여
- 예민함
- 비만
- 2차적인 긴장

Point 1 등의 주요 근육

넓은등근

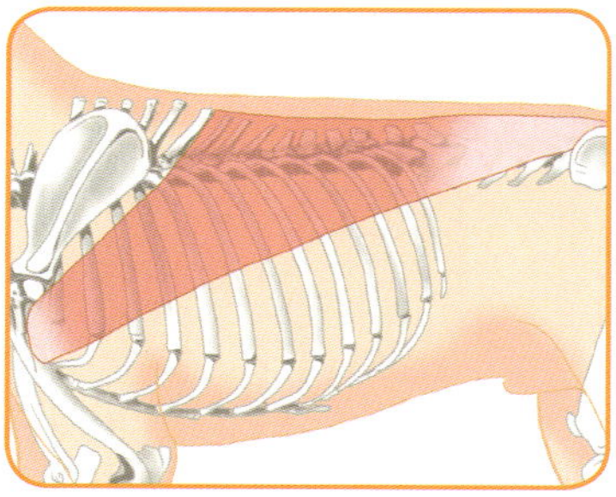

시작 : 등허리근막(제6 또는 제7등뼈에서부터 허리뼈와 뒤 일곱 여덟개 등뼈의 가시돌기로부터 일어나는 등허리근막에서 시작하여 근육으로부터 붙어 있는 맨 뒤 두 번째 세 번째 갈비뼈에 이르는 부분

부착 : 큰원근 거친면

기능 : 어깨의 굽힘근 및 가쪽회전근. 몸통의 옆쪽 및 앞쪽 운동도 시행한다.

목의 배톱니근

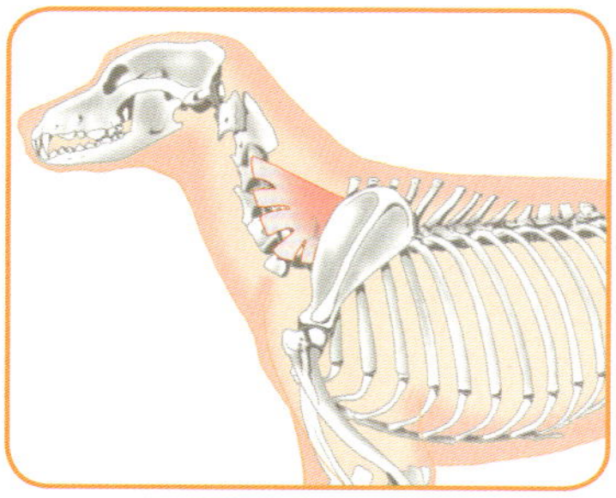

시작 : 어깨뼈 톱니근면의 앞부분

부착 : 등뼈관절돌기, 꼭지돌기 및 가로돌기

기능 : 몸통의 중량을 지지하고 앞으로 당긴다.

바깥갈비사이근

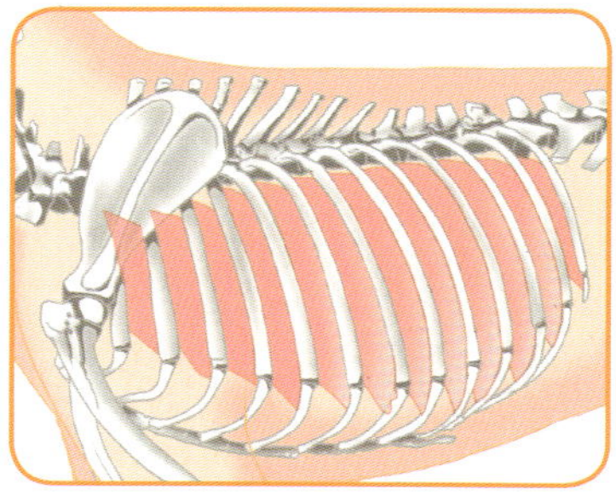

시각 : 각 갈비뼈의 뒤 모서리

부착 : 시작하는 갈비뼈의 뒤 갈비뼈의 가쪽 앞 모서리

기능 : 갈비뼈를 앞쪽으로 당기고 이것에 의해서 들이쉬기에 관여한다.

가슴, 허리가장긴근

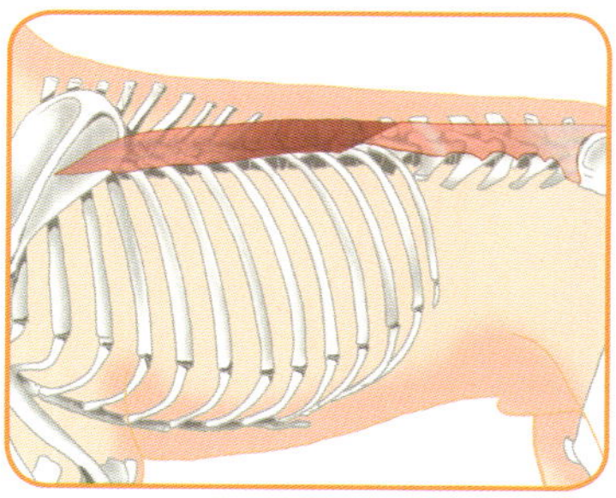

시작 : 등뼈, 허리뼈, 엉치뼈, 가시돌기, 엉덩뼈능선

부착 : 등뼈, 허리뼈의 가로돌기와 관절돌기 및 갈비뼈

기능 : 척주를 지지한다. 척추의 등쪽굽힘 · 옆굽힘, 상태를 일으킨다.

등세모근

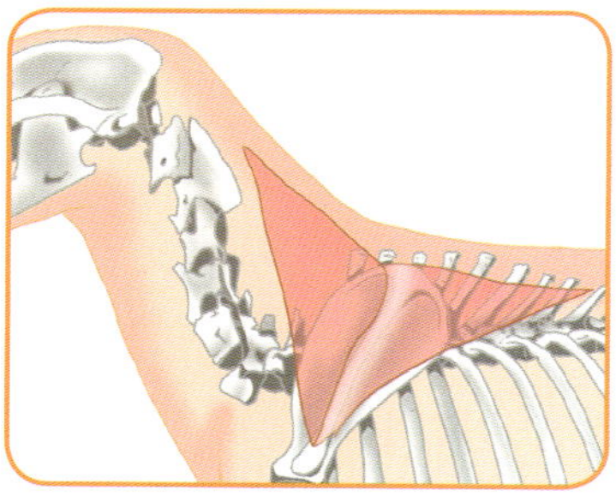

등세모근 목 부위

시작 : 제3목뼈 · 제3등뼈의 등쪽 정중선

부착 : 어깨뼈가시

등세모근 가슴 부위

시작 : 제3등뼈~제8등뼈의 등쪽 정중선

부착 : 어깨뼈가시의 몸쪽 1/3

기능 : 어깨뼈의 고정, 앞다리의 올림과 벌림(외전)

Point 2 등의 주요 부위

넓은등근, 가슴의 배톱니근, 바깥갈비사이근

\ 근육의 위치를 확인! /

〈 경계 지점 〉 등뼈, 허리뼈의 가시돌기, 제 13갈비뼈

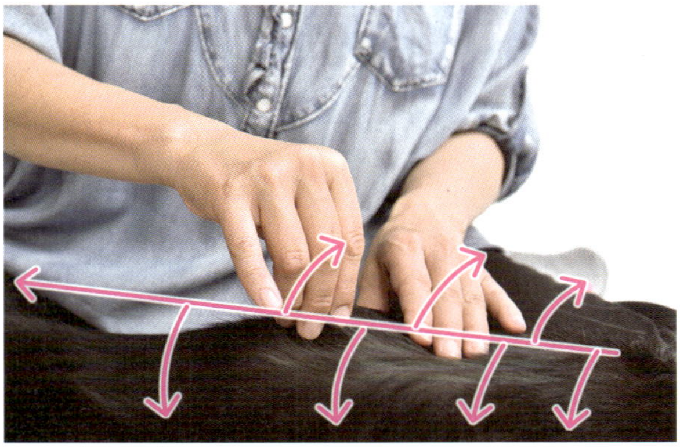

1 스트로킹

등 전체를 스토로킹한다.
머리에서 꼬리방향으로, 등에서부터 배쪽방향으로 순차적으로 쓰다듬듯이 마사지한다.

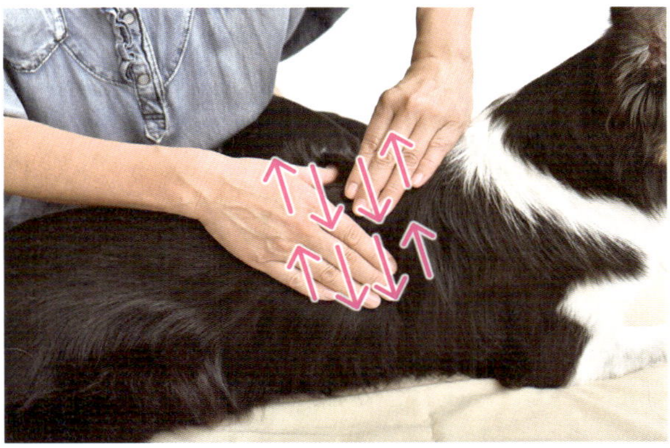

에플루라지

등 전체에 에플루라지를 시행한다.
털이 난 방향과 역방향으로 강하지 않은 압력으로 쓰다듬어 준다.

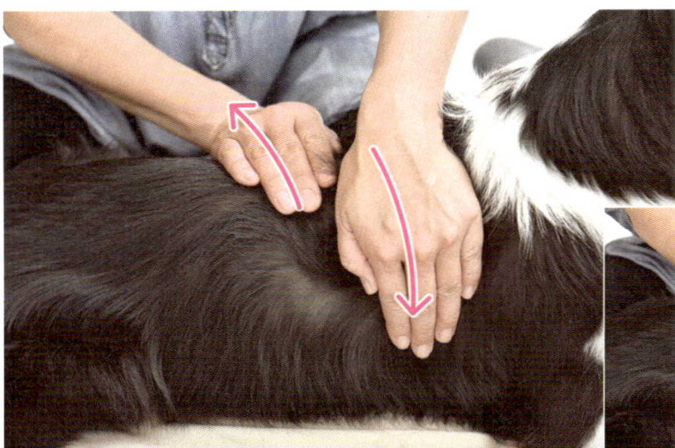

부드럽게 비틀기법

등 전체에 몸을 덮는 털 위를 손으로 미끄러지게 하는 것처럼 하여 부드럽게 비틀기법(wringing)을 시행한다.

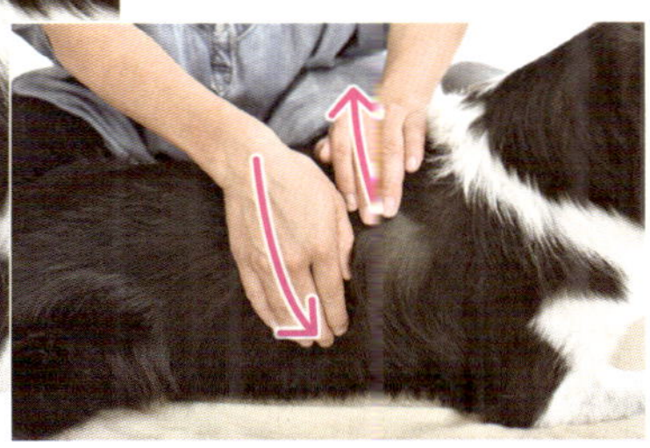

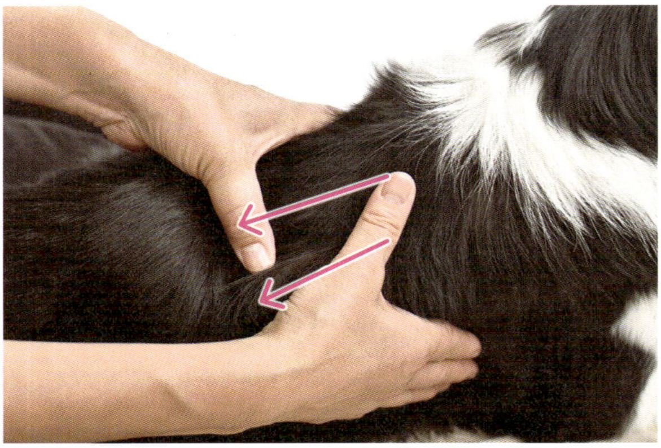

2 니딩

등의 넓은등근, 가슴, 허리 가장긴근의 근육을 이완하기 위해 손가락이나 손바닥의 측면으로 가볍게 니딩(kneading) 한다.
주의 : 이때 척추에는 접촉하지 말 것.

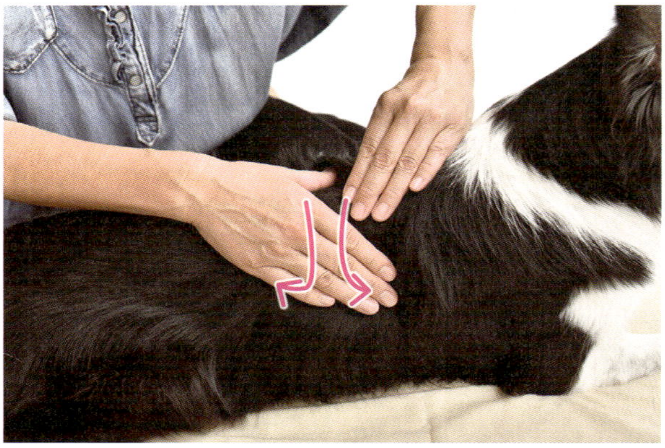

3 니딩

흉부에 4개의 손가락으로 니딩을 한다. 척추의 가장자리에서부터 배쪽으로 향해서 손가락 끝을 가지런히 하여 반원을 그리는 것처럼 번갈아 미끄러뜨려 내린다.

4 갈비사이근을 가볍게 에플루라지를 시행한다.

갈비뼈 13쌍의 머리 쪽 절반은 겨드랑이 림프 방향으로, 꼬리 쪽 절반은 샅고랑(서혜) 림프의 방향으로 손가락 끝을 약간 넓혀서 갈비뼈 사이에 손가락을 넣는 것처럼 손가락을 미끄러뜨린다. 다음으로 손가락을 오므리고 에플루라지로 갈비뼈 13쌍의 머리 쪽 절반은 겨드랑이 림프 방향으로, 꼬리 쪽 절반은 샅고랑 림프 방향으로 배액을 촉진한다.

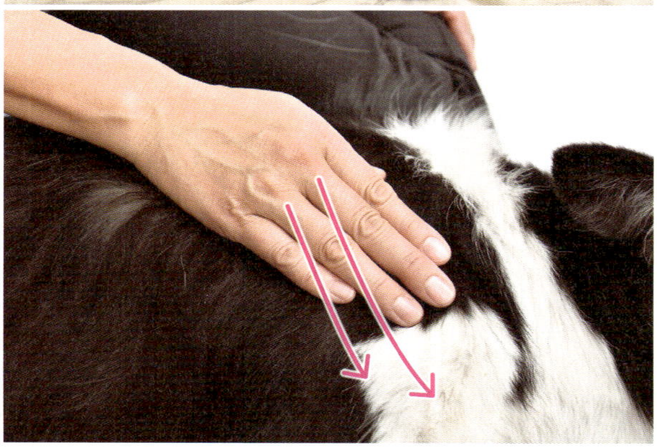

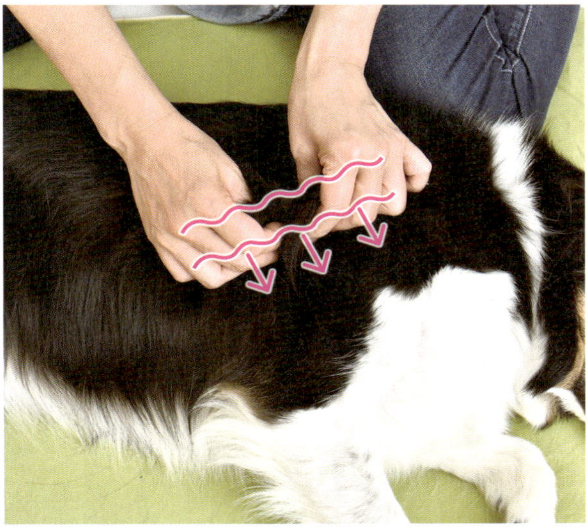

5 피부 말기

몸을 덮은 결을 따라가거나 거스르거나, 비스듬히 가로지르거나, 여러 방향으로 피부 말기(skin rolling)를 시행한다. 근막 스트레칭이 된다.

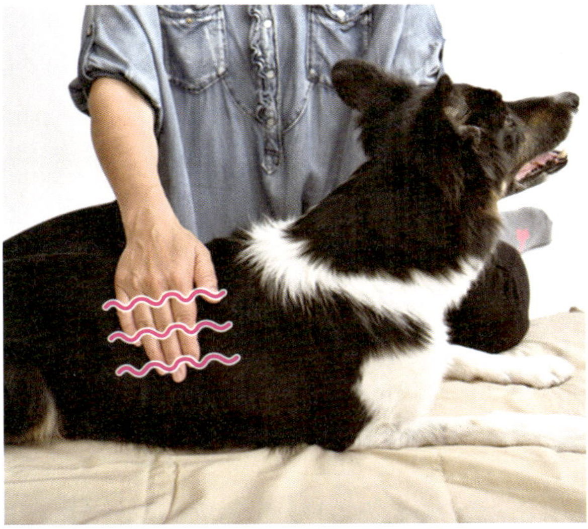

6 흔들기 기법(shaking)

손바닥을 다고 근육을 부들부들 흔드는 것처럼 3초 정도 진동시킨다. 부위를 이동하여 마찬가지로 시행한다.

가볍게 두드리기(tapotement)

등 전체에 율동적으로 가볍게 두드리기(tapping)를 시행해도 좋을 것이다.

살짝 꼬집기(pincement)

손가락 끝을 미끄러지게 하고 피부로부터 털을 건져 올리는 것처럼 하여 털의 끝까지 손가락으로 미끄러지게 한다. 가볍게 율동적으로 시행한다.

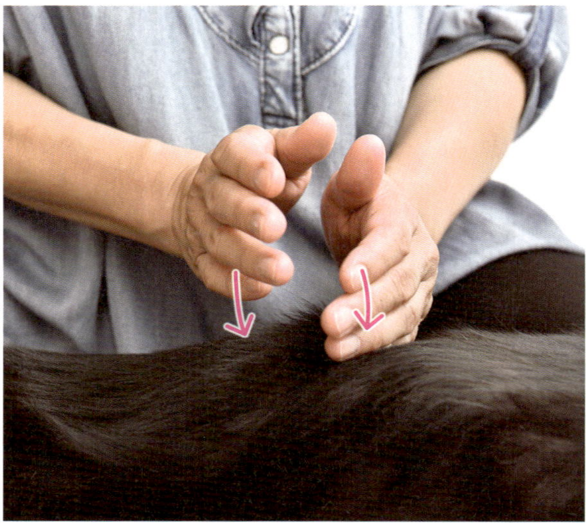

찹핑(chopping)

마지막으로, 전체를 부드럽게 비틀기법(wringing)을 시행한 후, 앞 절반은 겨드랑이 림프에, 뒤 절반은 샅고랑 림프에 에플루라지를 시행하여 배액을 한다. 몸을 덮은 털을 따라가는 스트로킹으로 진정시킨다.
손가락 끝의 힘을 빼고 매우 가볍게 손가락 끝을 내린다.

가볍게 두드리기(tapotement)란?

마사지 기법의 그룹 명칭이다. tapotement(Tapoter)는 프랑스어 동사인 두드리다, 손으로 두드리다, 라는 의미에서부터 유래하고 있다. 다음의 기법이 있다.

- tapping
- cupping
- chopping
- pincement

tapotement를 하는 것은 몸통 부위, 넓적다리 부위 등 반려견 몸의 큰 근육 부위에만 시행한다.
다음의 부위에는 시행하지 않는다.

- 뼈가 앙상한 부위
- 임신하고 있는 반려견
- 신경의 마비가 있는 부위

tapotement를 시행할 때는 손목을 유연하게 하고 손가락 끝의 힘은 빼둔다. 손가락에 힘이 들어가 있으면 손가락의 관절이 부딪쳐 반려견에 통증을 주게 된다. 시행할 때는 같은 부위에 계속해서 하는 것이 아니라, 이동하면서 짧은 시간에 시행한다.

허리 근육의 긴장을 이완함으로써 뒷다리 전체의 움직임이 좋아진다.

목적

엉덩관절이나 무릎에도 영향을 주는 근육은 반려견에 있어 중요한 움직임으로 연결된다. 특히, 나이가 많은 반려견에서는 주의해야 할 부위이다.

도약하는 힘이나 달리기 위한 원동력이 되는 근육

허리의 근육, 중간볼기근(중둔근)이 얕은 볼기근의 상태를 좋은 상태로 유지함으로써 뒷발의 움직임, 몸 전체의 움직임을 좋게 한다.

몸 뒷부분의 큰 근육은 반려견 움직임의 원동력이 되는 중요한 부위이다. 허리의 근육은 엉덩뼈(장골)에 확고하게 고정되어 있고 넙다리뼈를 움직이는 근육은 중간볼기근, 얕은 볼기근, 큰볼기근(대둔근), 넙다리빗근(봉공근), 넙다리네갈래근(대퇴사두근), 넙다리근닥긴장근이다.

중간볼기근이 긴장하면 볼기 부위의 움직임이 제한되어버려 뒷다리의 가동범위가 감소한다. 뒷다리의 움직임이 나빠지면, 등에 부담이 가해져 전신의 움직임이 어색해진다. 몸의 가장 중요한 부분이 되는 허리를 마사지하여 관리해준다.

Point 1 허리 부위의 주요 근육

중간볼기근

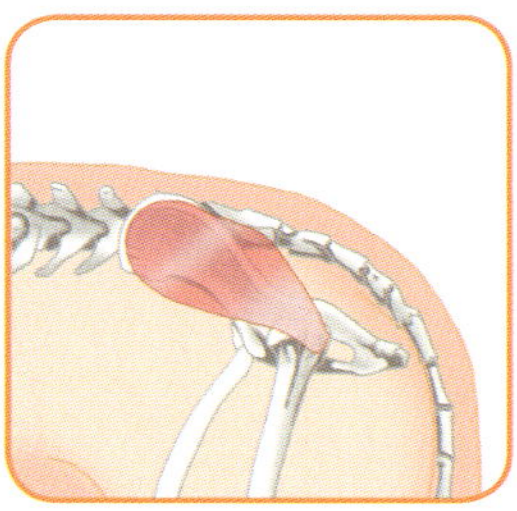

시작 : 엉덩뼈능선
부착 : 큰돌기
기능 : 엉덩관절의 폄근

얕은볼기근

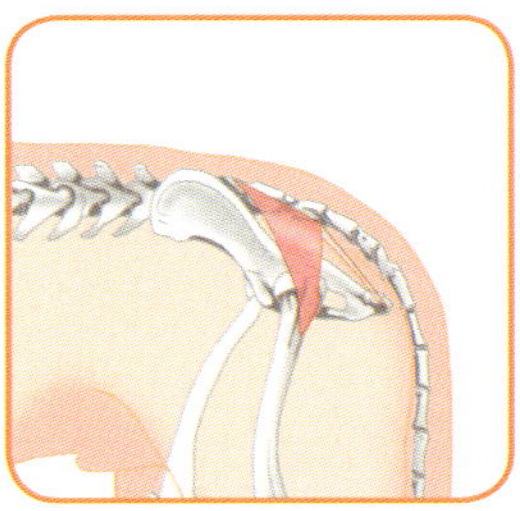

시작 : 볼기근막과 엉치결절 인대
부착 : 넙다리근막
기능 : 엉덩관절의 굽힘근

엉덩허리근

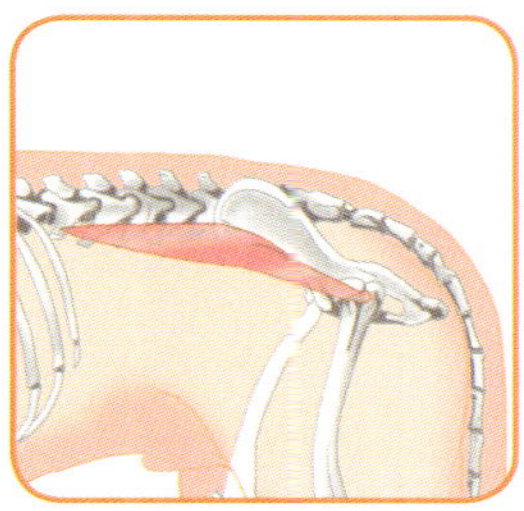

시작 : 큰허리근은 허리뼈의 척추뼈몸통과 가로돌기의 배쪽 면, 엉덩근은 엉덩뼈 날개의 엉덩뼈면
부착 : 공통힘줄에서 넙다리뼈 작은돌기
기능 : 엉덩관절과 몸통의 굽힘근

Point 2 허리 부위의 주요 부위

중간볼기근, 얕은볼기근

\ 근육의 위치를 확인! /

〈경계 지점〉 볼기결절, 엉치결절, 엉덩뼈능선, 궁둥뼈결절, 큰돌기

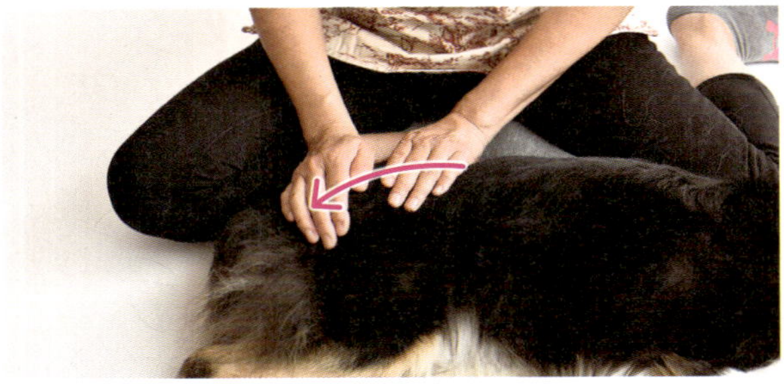

1 스트로킹, 에플루라지, 부드럽게 비틀기법

중간볼기근, 얕은볼기근의 근섬유를 따라서 스트로킹, 에플루라지를 시행한다. 근육이 따뜻해지면 근섬유에 수직으로 부드럽게 비틀기법(wringing)을 시행한다.

2 니딩

엄지손가락 또는 네 손가락으로 근섬유를 따라 니딩(kneading)을 시행한다.

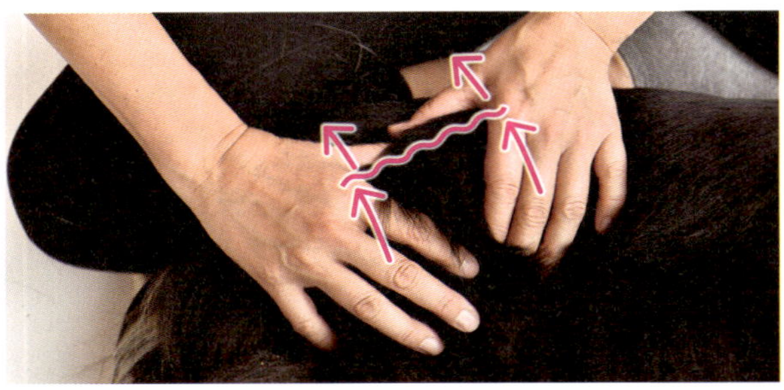

3 마찰법

엄지손가락의 옆면 전체를 사용하고 근섬유와 평행이 되도록 하여 가볍게 마찰법(friction)을 시행한다.

부드럽게 비틀기법, 에플루라지, 스트로킹

부드럽게 비틀기법, 에플루라지로 몸을 덮고 있는 털을 따라 스트로킹을 하여 진정시킨다.

뒷다리 관절의 움직임을 좋게함으로써 등의 부담을 감소시킨다.

목적

각 관절의 가동범위가 넓어져 움직임이 좋아지고 등(back)에 대한 부담이 경감된다. 근력의 쇠약을 방지한다.

뒷다리 전체가 이완함으로써 정신적으로도 이완감이 있다.

뒷다리를 마사지함으로써 자칫 긴장하기 쉬운 힘줄은 이완되고 다리 끝까지 혈액순환이 원활해진다. 엉덩관절, 무릎관절, 발목관절의 가동범위가 넓어지고 뒷다리의 움직임이 좋아짐으로써 등(back)의 부담이 경감된다.

또한 뒷다리의 착지를 촉진하여 부상의 방지로 연결된다. 그리고 불안해지기 쉬운, 긴장하기 쉬운 반려견은 발끝이 매우 긴장하여 있다. 발끝을 마사지함으로써 정신면에 대한 이완도 기대할 수 있다.

몸 전체의 30~40%의 체중을 뒷다리로 지지하고 있기 때문에 고령이 되면 다리와 허리(하반신)의 근육부터 쇠약하게 된다. 마사지로 혈류를 촉진하고 영양을 공급하며 유연성을 유지하여 근력의 쇠퇴를 방지한다.

뒷다리의 근육이 긴장하는 원인

- 어질리티 경기나 원반(disk)에 의한 과도한 운동
- 과도한 트레이닝
- 유전성에 의한 것
- 발끝의 악력(grip force)이 약한 반려견
- 어깨나 앞다리에서부터 오는 보상성 긴장
- 영양상태
- 외상
- 비만

Point 1 뒷다리의 주요 근육

넙다리근막긴장근

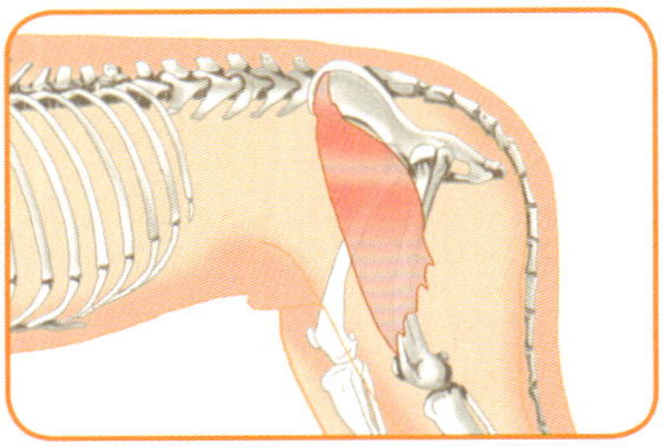

시작 : 볼기뼈결절 및 엉덩뼈몸통
부착 : 큰돌기
기능 : 엉덩관절의 폄근 및 무릎의 폄근

넙다리두갈래근

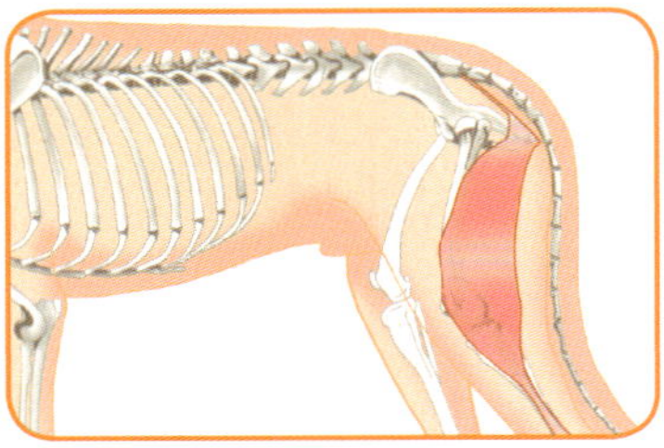

시작 : 궁둥뼈결절 및 엉치결절인대
부착 : 무릎뼈 앞면
기능 : 무릎의 굽힘/폄, 발목의 폄 및 뒷다리의 벌림

넙다리빗근

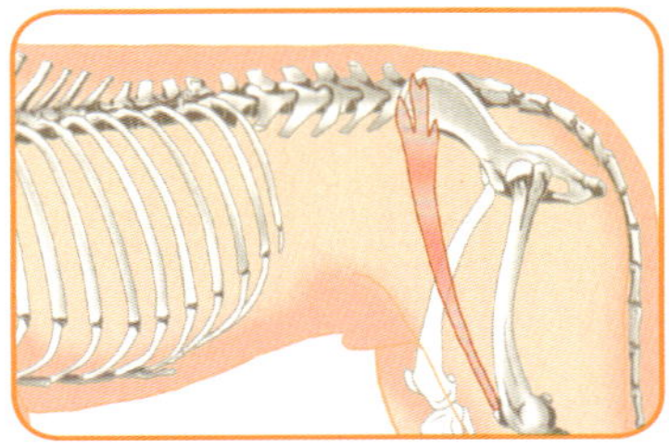

시작 : 엉덩뼈능선
부착 : 무릎뼈바닥
기능 : 뒷다리가 접지하여 있을 때는 엉덩관절의 굽힘근, 올라가 있을 때는 무릎의 폄근

반힘줄모양근

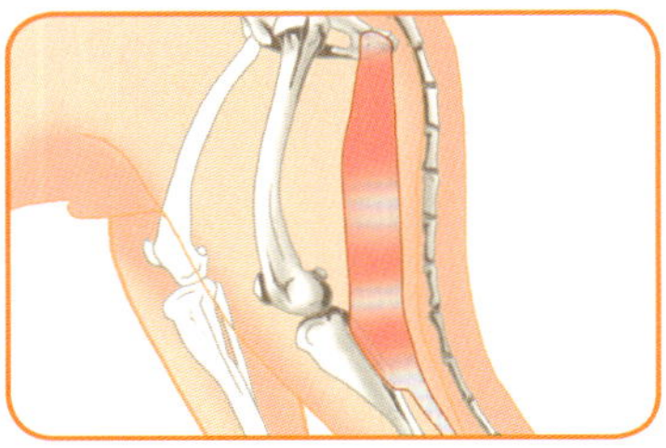

시작 : 궁둥뼈결절
부착 : 1개는 정강뼈 안쪽면에, 또 1개는 발꿈치뼈융기
기능 : 엉덩관절과 발목 관절의 폄, 무릎관절의 굽힘

모음근

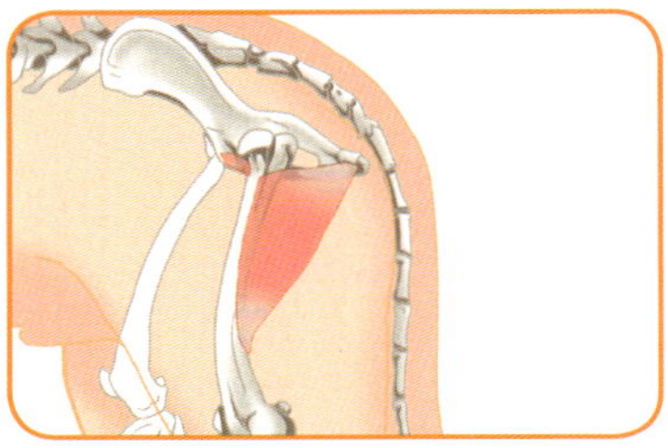

시작 : 큰모음근은 골반접합, 긴모음근은 두덩뼈
부착 : 큰모음근은 넙다리뼈 거친면의 가쪽 입술, 긴모음근은 넙다리뼈 뒷면의 돌기오목의 부근
기능 : 엉덩관절의 모음, 뒷다리의 꼬리 쪽으로의 끌어냄

반막모양근

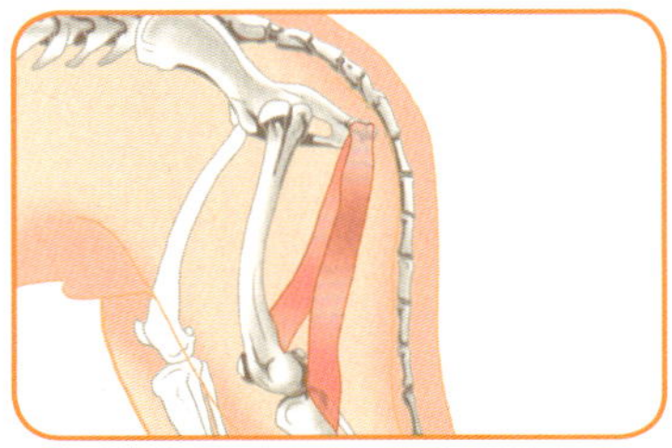

시작 : 궁둥뼈결절
부착 : 2개의 힘줄에서 넙다리뼈 거친면의 안쪽 입술과 정강뼈 안쪽면의 몸쪽에 끝난다.
기능 : 발이 접지한 상태는 엉덩관절의 폄근, 운동 시에는 앞배가 엉덩관절의 폄근, 뒷배가 무릎의 폄근

넙다리네갈래근

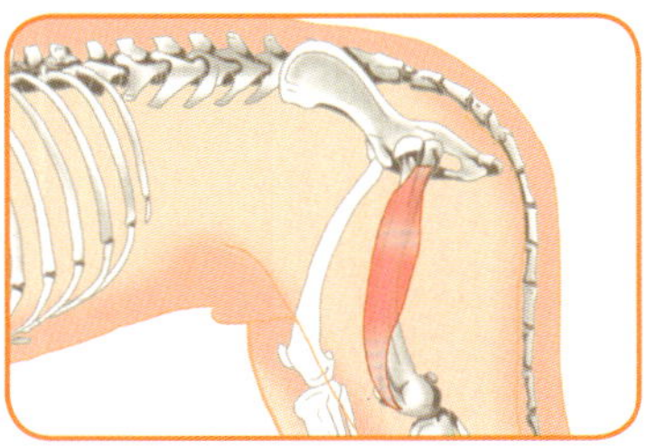

시작 : 넙다리뼈의 가쪽 면 및 가쪽 모서리
부착 : 무릎뼈
기능 : 무릎의 폄근

장딴지근

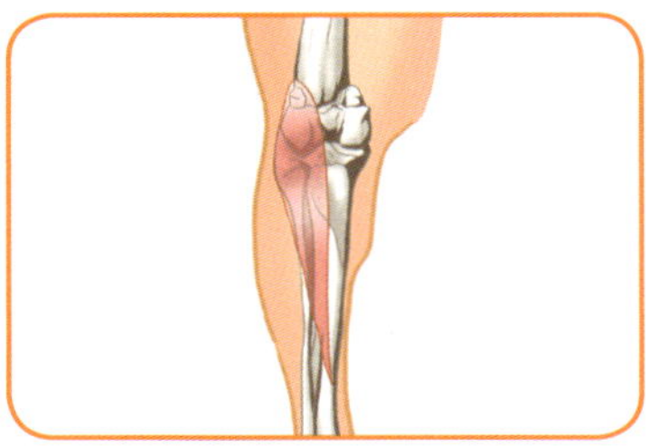

시작 : 넙다리뼈의 가쪽위 관절융기 거친면
부착 : 발꿈치뼈융기
기능 : 무릎의 굽힘근 및 발목 부위의 폄근

뼈사이근

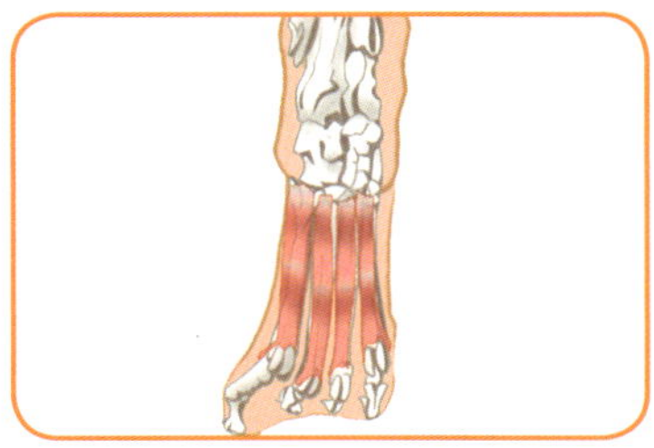

시작 : 제2, 제3, 제4 및 제5 발허리뼈의 몸쪽 끝
부착 : 각 근육이 2개의 힘줄로 나뉘고 대응하는 발가락의 바닥쪽 종자뼈와 등쪽 면에 끝난다.
기능 : 각 근육이 발허리발가락 관절을 함께 고정하여 발가락관절의 폄과 굽힘을 돕는다.

Point 2 뒷다리의 주요 부위

넙다리근막긴장근, 넙다리두갈래근, 넙다리빗근, 반힘줄모양근, 장딴지근, 뼈사이근

\ 근육의 위치를 확인! /

〈 경계 지점 〉 큰돌기, 볼기뼈결절, 엉치뼈결절, 엉덩뼈능선, 궁둥뼈결절, 넙다리뼈의 가쪽관절융기

넓적다리 부위

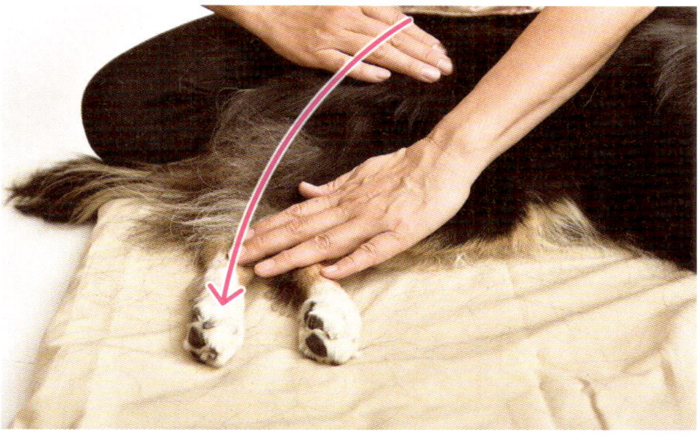

1 스트로킹

허리 부위를 마사지한 후 그대로 중간볼기근에서부터 발끝까지 쓰다듬어 내린다.

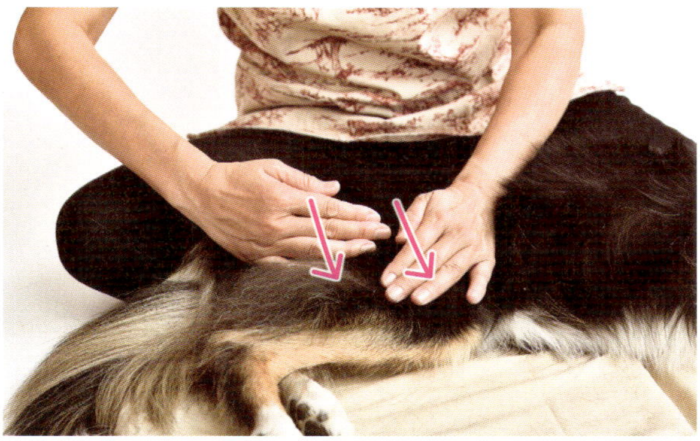

2 에플루라지

큰돌기의 뒤에서부터 넓적다리 부위 전체에 에플루라지를 상 · 하로 여러 번 반복하여 따뜻하게 한다.

3 부드럽게 비틀기법

큰돌기의 뒤에서부터 넓적다리 부위 전체를 부드럽게 비틀기법(wringing)을 시행한다.

주의 : 부드럽게 비틀기법이 무릎관절에 적용되지 않도록 한다.

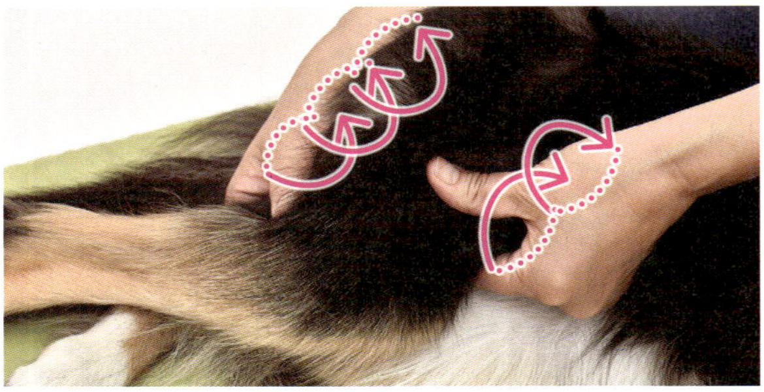

4

밀어 넣는 것처럼 하여 넙다리근막긴장근, 넙다리네갈래근, 넙다리빗근을 비틀며(squeeze) 손을 바꿔서 뒤에서부터 끼워 넣도록 비틀며 근육을 풀어준다.

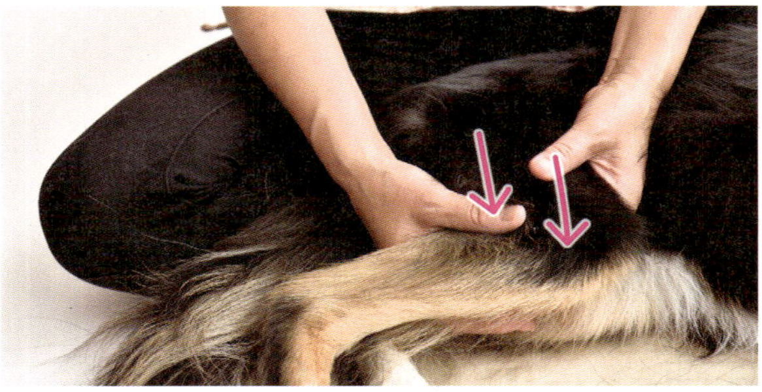

5 니딩

무릎관절의 위에서부터 넙다리뼈의 큰돌기, 엉덩뼈의 볼기뼈결절, 궁둥뼈결절을 목표로 하여 엄지손가락 전체의 옆면으로 니딩을 한다.

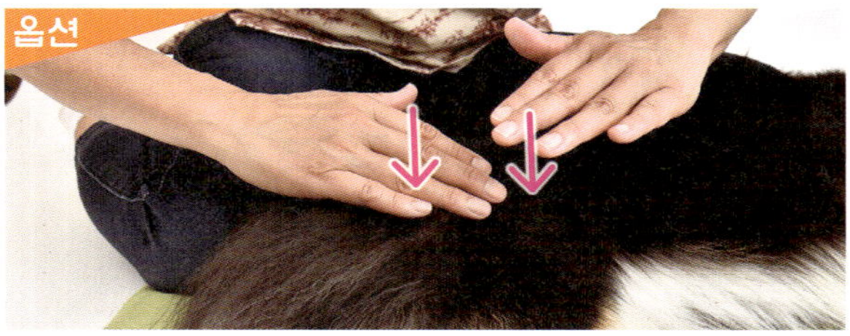

넓적다리 부위에 가볍게 두드리기(tapotement)를 시행한다.

6 WES

이제까지 시행한 부위를 부드럽게 비틀기법(W), 에플루라지(E)로 샅고랑(다리와 배 사이에 비스듬하게 있는 홈. 서혜부/대퇴부의 기부) 림프를 향해 배액(drainage)을 한다. 그리고 스트로킹(S)으로 진정시킨다.

종아리 부위

7 스트로킹

발목관절의 몸쪽 부위에서부터 무릎관절의 먼쪽 부위를 향해서 손가락을 가지런히 하여 가볍게 스트로킹을 시행한다.

8

발목관절의 몸쪽 부위에서부터 무릎관절의 먼쪽 부위까지 엄지손가락과 2~4개의 다른 손가락을 사이에 끼는 것처럼 하여 쓰다듬어 올린다.

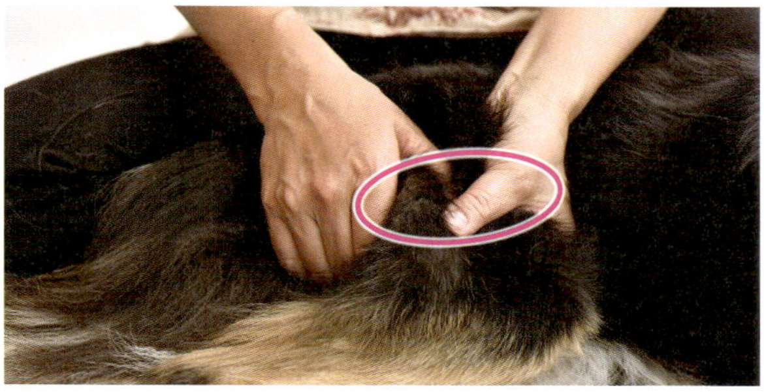

9 비틀기 기법(squeezing)

장딴지근을 점진적으로(부드럽게) 비튼다(squeeze).

10 압박법

발목관절의 몸쪽 부위에서부터 넓적다리 부위의 시작 지점으로 향해서 부위를 몇 번에 나눠서 압박을 한다.
주의 : 관절 위에는 시행하지 않을 것.

발목 부위~발끝

11 스트로킹

발끝까지 지면으로 쓰다듬어 내리는 것처럼 스토로킹을 시행한다. 만약 싫어하면 손등으로 한다.

12 뼈와 뼈 사이를 가볍게 문지르다.

만약, 반려견이 받아들인다면, 엄지손가락 끝을 사용해서 발끝을 발가락 글으로 향해서 뼈 사이를 가볍게 문질러간다.

13 압박법

반려견 발바닥의 패드를 감싸서 압력을 가해준다.

14

발끝에서부터 넓적다리 부위 시작 지점까지 전체적으로 쓰다듬어 올린다.

15

마지막은 넓적다리 부위 시작 지점에서부터 발끝까지 몸을 덮은 털을 진정시키도록 스트로킹을 한다.

column

피부에서부터 세포에 작용하는 "터치 케어(touch care)" 에 대해

터치 케어와 마사지의 관계성

"마사지"란 골격이나 근육의 해부학, 생체역학(biomechanics)의 지식을 기초로 근육에 다양한 도수기법을 사용하여 접근함으로써 신체적 효과를 얻는다.
"터치 케어"란 몸 표면을 부드럽게 감싸는 것처럼 만지거나 가볍게 쓰다듬는 방법이고 세포에 점진적인 자극을 주고, 신경경로를 활성화시켜 신체 의식을 향상시키거나 정신, 감정에 작용하는 마음과 몸의 케어이다. 누구나가 간단히 "애정이 깃든 손과 마음"이 있으면 장소를 가리지 않고 언제나 할 수 있다. 대표적인 것에는 "텔링턴 티 터치(Tellington T Touch)" "프레이즈 터치(Praise Touch" "기공(氣功; 중국의 건강 기법)" 등이 있다.

아주 좋아하는 사람이 만져주는 것, 사랑하는 반려견을 만지는 것

반려견은 아주 좋아하는 가족이 애정이 깃든 손으로 만져줌으로써 살아가는 데에 가장 기본적인 만족감, 정서적 유대감을 느낄 수 있다. 터치를 시행하는 여러분도 사랑하는 반려견의 부드러운 몸을 덮은 털을 만져 따뜻함을 느낌으로써 반려견도 사람도 체내에서는 옥시토신(oxytocin)이 유발된다. 옥시토신은 별명 "유대감 호르몬, 애정 호르몬"이라 일컬어지고 있는 호르몬이다.
이것은 평온함과 관계성을 만들어내고 유대감을 강화하는 호르몬이다. 그리고 옥시토신이 많이 유발됨으로써 불안을 경감하고 스트레스를 극복하는 힘을 증강하며 자기 치유력이나 면역력을 높인다.

점진적인(부드러운) 애정이 깃든 터치 케어는 서로의 스트레스를 풀어준다.

반려견에 대한 혜택

반려견도 사람과 마찬가지로 스트레스를 느낀다. 심리적, 환경적, 신체적 스트레스가 정신면에 나쁜 영향을 주고 이것은 감정면의 균형을 무너트린다. 평소에 온순한 반려견이 신체의 불쾌감을 느끼고 있으면 화를 내거나 짖어대는 버릇이 없었던 반려견조차도 가족과 떨어지거나 급격한 환경 변화로 짖어대거나 한다.
스트레스를 받음으로써 유발되는 스트레스 호르몬은 신체에도 나쁜 영향을 미친다. 가족이 간단히 할 수 있는 터치 케어가 반려견의 스트레스를 풀어주고 정신, 감정면의 건강을 촉진하여 질병의 예방에 연결된다. 그리고 감정이 안정됨으로써 자기에게 자신감을 가져 학습능력을 높인다.

사람에 대한 혜택

깊은 자연스런 호흡에 유념하고, 생각하는 것을 멈추고, 오직 눈앞에 있는 사랑하는 반려견의 부드러운 몸의 털을 만져 따뜻함을 오감(five senses)으로 느낀다. 촉각을 통해 지금 이 순간을 의식할 수 있다. 깊은 호흡으로 자율신경의 균형을 촉진하고 이 한순간 한순간의 시간에 마음을 공손히 기울임으로써 스트레스를 풀어주고 신체와 마음에 좋은 영향을 준다.

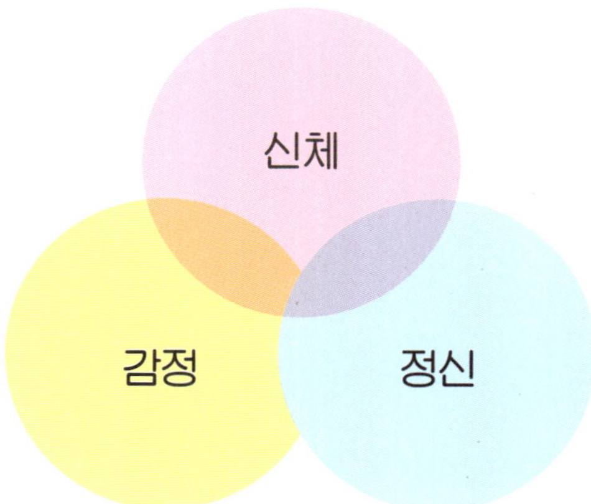

통합(Holistic)

Part 3

기능을 회복시키는 몸 관리(body care)

- 매일 3분의 프레이즈 터치®로 마음이 통하게 하는 시간을 보낸다.
- 나이가 많은 반려견(senior dog)에 대한 올바른 케어가 생활의 질(QOL)을 향상시킨다.
- 사례별 몸 관리(body care)
- 근육의 유연성을 높이는 스트레칭
- 반려견 종별 스트레스 해결포인트(stress point)

매일 3분의 프레이즈 터치로 마음이 통하게 하는 시간을 보내자.

누구나 할 수 있는 터치 케어

프레이즈 터치란 마사지와는 달리 해부학적 지식이 적어도 남녀노소, 누구라도 간단히 할 수 있는 반려견에 대한 터치 케어이다.

몇 분간이라도 생각을 멈추고 반려견과의 마음이 서로 통하게 하는 시간을 보내자.

가족의 부드러운 손으로 만져줌으로써 반려견과 보호자의 심신에 좋은 영향을 준다. 반려견의 존재, 함께 지내는 순간 순간의 매우 소중한 시간에 감사하고 서로 유대관계를 갖자.

Praise = 존재에 감사한다. 함께 지내는 한 순간 한 순간의 매우 소중한 시간에 감사한다.

Touch = 서로의 접촉을 통해 유대관계를 갖는 조용하고 평화로운 시간.

프레이즈 터치(praise touch)에는 매일, 아침, 낮, 밤, 그리고 상황마다 할 수 있는 "아주 좋아해" "안녕" "편히 쉬어"의 세 가지 일상(routine)이 있다. 하나의 일상은 6~8 종류의 터치 방법을 이용해 하나로 이어지는 흐름을 가지고 시행한다.

프레이즈 터치의 이점

- 사람과 반려견 서로 간의 몸과 마음에 좋은 영향을 준다.
- 이완
- 스트레스를 경감한다.
- 옥시토신의 유발을 촉진한다.
- 자율신경의 균형을 촉진한다.
- 배려하는 시간

프레이즈 터치의 효과

- 신체인식(감각)의 향상 = 몸 전체의 움직임의 향상, 운동기능의 향상
- 뇌에 대한 자극 = 치매의 예방, 개선
- 자신감을 구축 = 스트레스 감소
- 불안을 개선 = 문제행동의 개선
- 매일 몸 상태의 확인 = 질병의 조기 발견
- 과거 트라우마의 감소 = 스트레스 감소
- 호흡기계, 비뇨기계, 순환기계의 기능 유지, 개선
- 대사 촉진, 체액순환의 증진
- 통증의 완화

대부분의 반려견이 좋아하는 마사지순서 (routine)

매일 반려견의 컨디션을 유지하기 위한 터치

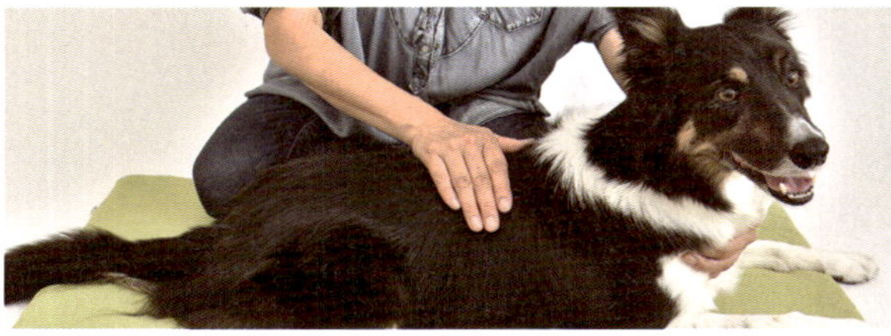

1 전신의 스트로킹

시작되는 인사 터치로, 뒤통수 부위에서부터 꼬리의 끝, 어깨에서부터 앞다리의 발끝, 어깨에서부터 뒷다리의 발끝, (한쪽도 마찬가지) 마지막으로 뒤통수 부위에서부터 꼬리의 끝까지.

2 목 주위의 비틀기(squeezing)

목의 긴장을 완화시킨다.
숨을 들이쉴 때 피부를 크게 들어올리며
내쉴 때 천천히 원상태로 되돌린다.

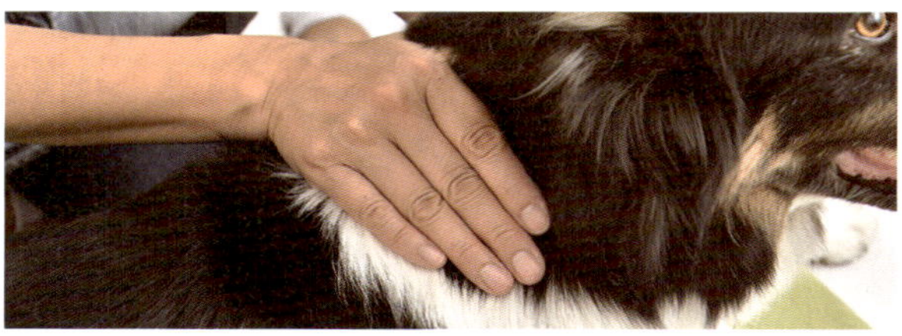

3 목 주위의 서클 터치

목 주위 근육의 뻐근함을 없앤다.
손가락 전체를 이용해 목 주위를 시계방향으로
원을 그리고 피부를 움직여 하나의 원을 그린 후에
다음의 부위로 옮겨간다.

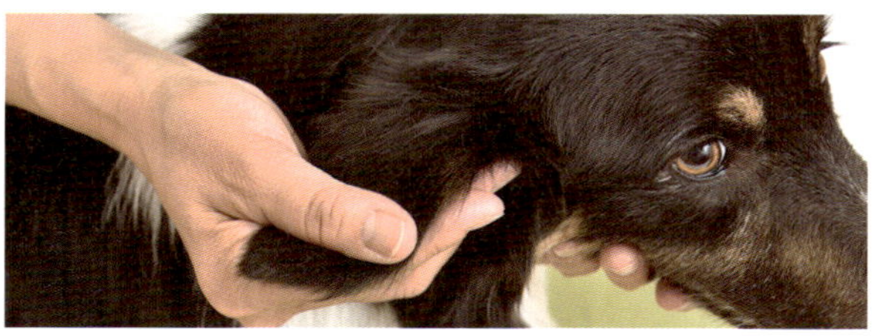

4 귀의 스트로킹

반려견에 안정감을 준다.

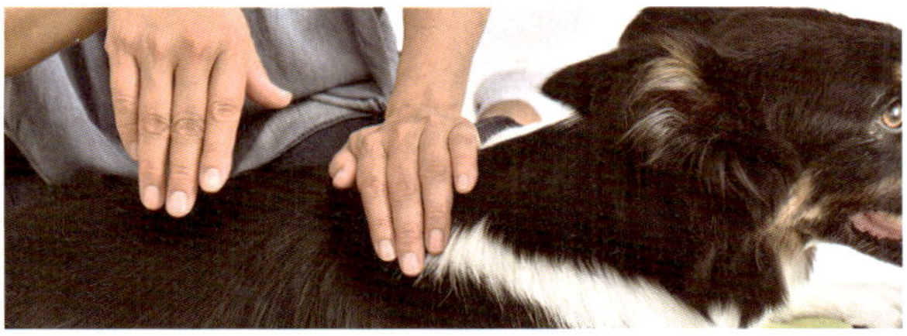

5 등의 에플루라지

등의 경직을 없앤다.
손을 번갈아가며 원활하게 뒤통수 부위에서부터 꼬리의 시작 지점까지 에플루라지를 시행한다.

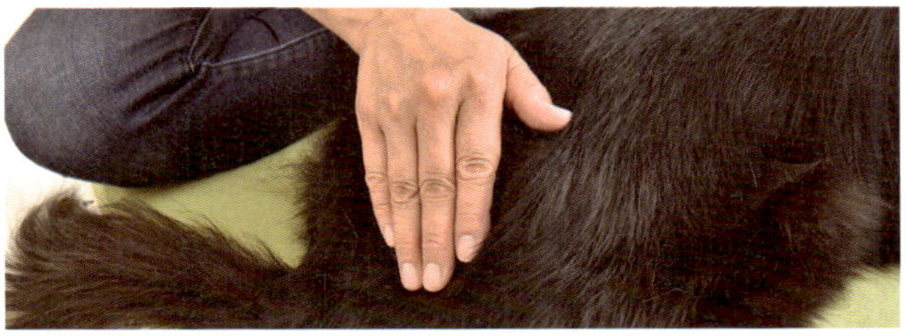

6 꼬리 시작 지점의 서클 터치

자율신경의 균형을 조절한다.
손가락 전체로 털 위를 미끄러뜨리는 것처럼 가볍게 원을 그린다. 시계방향으로 3회, 반시계방향으로 12회 시행한다.

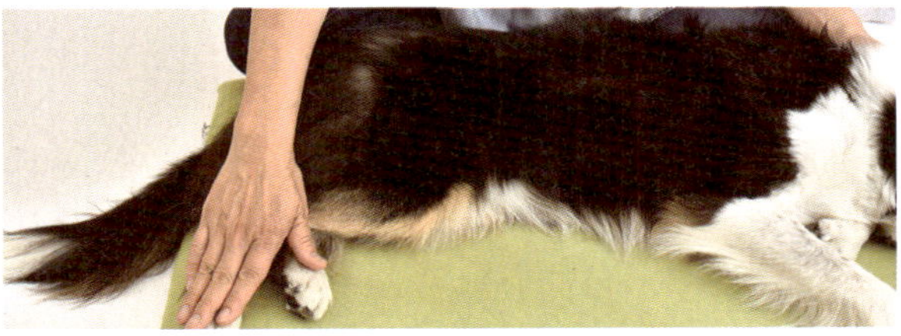

7 W의 터치

신체인식을 향상한다.
손바닥 전체를 사용하여 손가락을 펴거나 오므리거나 하면서 몸쪽 면을 쓰다듬어간다.
꼬리의 시작 지점 → 오른쪽 뒷다리 발끝 → 허리 → 배 — 어깨 → 오른쪽 앞다리의 발끝,
반대쪽도 마찬가지로 한다. 한쪽 당 2회 반복을 한다.

비틀기(squeezing)와 서클 터치(circle touch)

- 소형견 4회
- 중 · 대형견 6~8회

"안녕하세요"(아침 인사) 순서

아침 산책 전이나 생기를 돕게 하고 싶을 때 하는 터치이다. 밝고 건강한 기분으로 시행하면 반려견의 원기를 불러일으켜준다. 나이가 많은 반려견에게 권장하는 일상 터치이다.

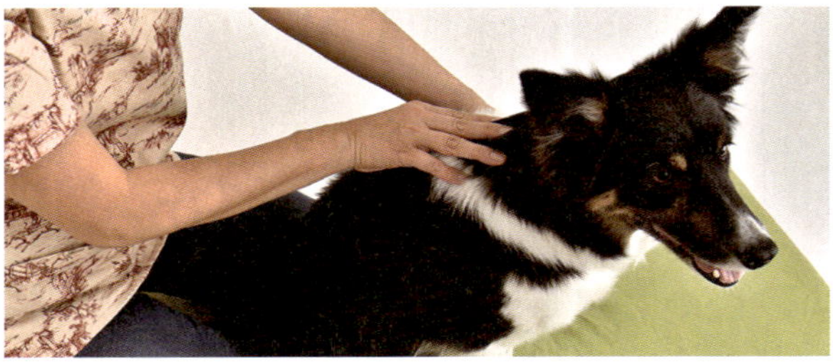

1 전신의 스트로킹

손가락을 조금 벌리고 손가락 끝의 가벼운 힘으로 털을 좌·우로 밀어 헤치는 것처럼 쓰다듬는다.

포인트! 심신에 가벼운 자극을 주기 위해 스트로킹의 속도는 약간 빠르게 한다.

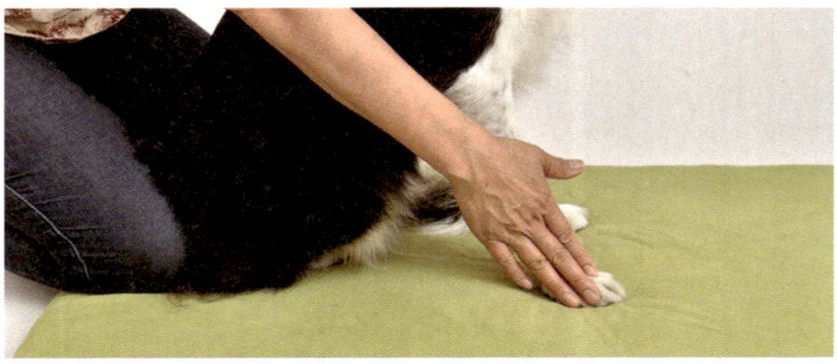

2 교차 스트로킹

체액의 순환을 촉진한다. 몸의 연결을 재인식한다. 오른쪽 앞다리에서부터 왼쪽 뒷다리까지 교차 스트로킹, 다음으로 왼쪽 앞다리에서부터 오른쪽 뒷다리까지 교차 스트로킹을 2회 실시한다.

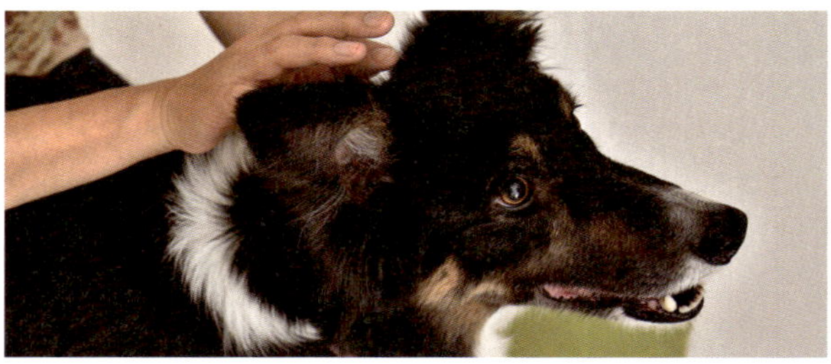

3 머리의 빗방울(rain drop)

긴장을 완화하여 이완과 집중을 촉진한다. 집게손가락, 가운데손가락, 반지손가락의 3개의 손가락을 사용하여 매우 가벼운 힘, 마치 조용히 비를 맞는 것처럼 터치한다. 기준은 10초 정도로 한다.

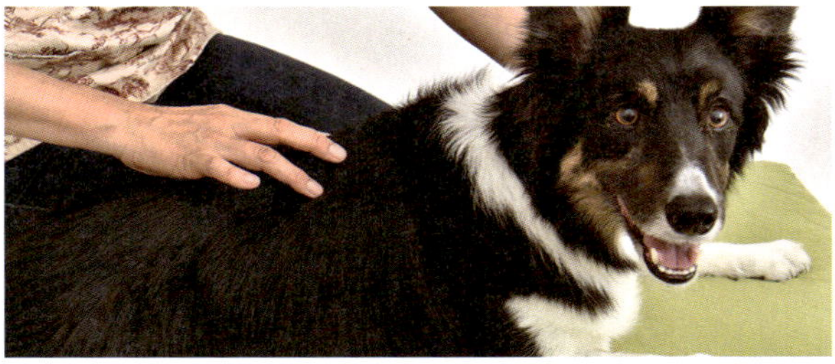

4 등(back)에 빗방울(rain drop)

신체인식을 높인다. 자율신경의 균형을 조절한다.
등, 꼬리의 시작점까지 레인드롭을 척추에 닿지 않도록 가벼운 힘으로 시행한다.

5 스노우 플레이크(snow flake)

몸의 기력을 불러일으킨다.
어깨에서부터 엉덩이 부위까지 털끝에 접촉하도록 손목의 힘을 빼고 손가락을 흔드는 것처럼 리듬감 있게 움직인다.
좌 · 우 각각 1회 왕복을 한다.
포인트! 털끝에 붙은 가루눈을 터는 것처럼 한다.

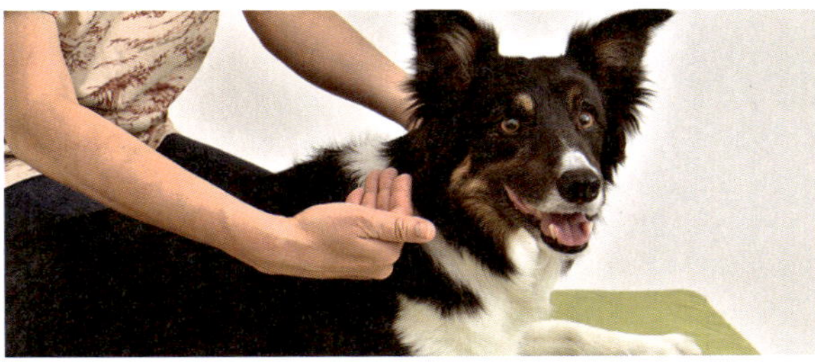

6 들어올리기(up lifting)

기분을 좋게 한다.
양손을 반려견의 몸 주변 공기를 건져 올리는 것처럼 앞다리의 발끝 → 어깨 → 배 → 등 → 뒷다리의 발끝으로 조금씩 이동한다.

"편히 주무세요"(잘 때의 인사) 순서

매일 자기 전에 서로의 이완을 촉진하는 터치이다. 몸과 마음의 긴장을 풀고 좋은 수면을 촉진해주자.

1 수동적 터치(passive touch)

서로의 이완. 마음과 마음이 서로 통하게 한다.
살짝 부드럽게 손바닥 전체를 놓는다. 반려견의 체온을 손바닥으로 감지해간다. 다음은 반려견의 호흡을 느껴보자.

2 몸 전체의 스트로킹

마음을 진정시킨다. 안정감을 준다.
손바닥 전체를 사용하여 따뜻함을 전달하도록 "멈추지 말고" 일정한 속도로 천천히 뒤통수 부위에서부터 목, 그리고 꼬리 끝까지 털의 흐름을 따라 긴 스트로킹을 한다.

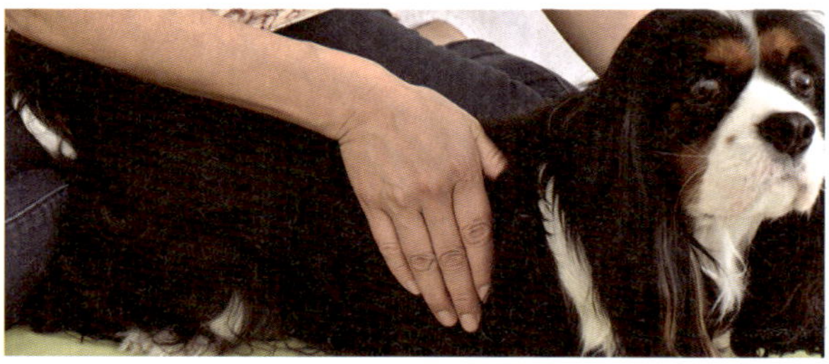

3 어깨에서부터 엉덩이 부위까지 서클 터치

심신의 긴장 완화.
손바닥 전체를 반려견의 몸에 밀착시키고 피부를 움직이는 것처럼 시계방향으로 끊김없이 원을 그린다.
손을 다음 부위까지 미끄러뜨려 또 원을 그린다.

4 코와 주둥이 부분(muzzle)의 스트로킹

감정의 균형을 촉진한다.
코끝에서부터 귀의 아래주변까지를 어미반려견이 새끼반려견을 핥는 것처럼 부드럽게 쓰다듬는다.

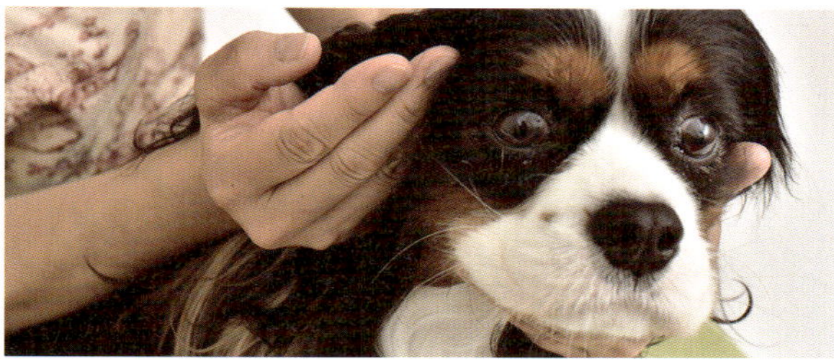

5 귀 시작 지점의 서클 터치(circle touch)

긴장의 완화에 신경질적인 반려견을 안정시킨다.
손을 가볍게 쥐고 손등 쪽을 사용하여 원을 그린다.
소형견인 경우는 손등면, 손바닥면을 사용하여 하나의 원을 그린 후에 손을 이동시켜 또 하나의 원을 그린다. 5회 반복한다.

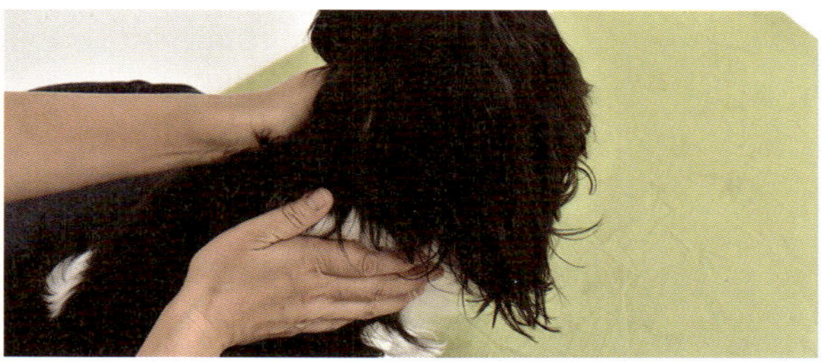

6 휠 터치(wheel touch)

심신의 긴장을 완화한다. 어깨를 감싸는 것처럼 한다.
자동차 바퀴가 도는 것처럼 좌 · 우 번갈아 머리 방향으로 느긋하게 움직인다. 이어서 수동적인 터치를 시행하는 것도 좋을 것이다.

나이가 많은 반려견에 대한 부드러운 케어가 생활의 질(QOL)을 향상시킨다.

나이가 많아질수록 필요한 몸 관리

"마사지"에 의해서 근육의 상태를 유지, 향상시키고 관절에 대한 부담을 덜어내어 일상의 몸 전체의 움직임을 좋게 한다.

"프레이즈 터치(praise touch)"에 의해서 자기의 고유수용감각(*1)을 유지하고 자칫 쇠퇴하기 쉬운 신체인식을 유지한다.

마사지와 프레이즈 터치에 의해서 신체와 마음에 활력을 주어 생활의 질(QOL)을 향상시킨다.

노령에 의해 일어날 수 있는 몸의 변화

어깨, 앞다리

등세모근, 가시위근, 가시아래근, 어깨세모근이 딱딱해져 긴장하면 어깨관절의 가동범위가 좁아지기 때문에 앞다리의 움직임에 제한이 발생한다. 따라서 몸 전체의 움직임이 어색해져 등이나 뒷다리에도 긴장이 발생한다.

등, 가슴

노령이 되면, 심층의 근육, 몸통을 지지해주는 근력이 약해지기 쉬워진다. 등의 가장긴근, 엉덩갈비근, 등의 톱니근은 등(back)을 펴는 것에 관여하는 근육이다. 배바깥빗근, 배속빗근, 배곧은근, 갈비사이근은 등을 굽히는 것에 관여하는 근육이다. 이와 같은 근육들을 마사지함으로써 유연성을 유지하고 몸 전체의 움직임을 올바르게 하자.

몸 뒷부분(허리, 뒷다리)

뒷다리의 원활한 움직임을 유지하려면 허리와 뒷다리 근육의 유연성이 필요하다. 중간볼기근, 볼기근육, 넙다리빗근, 넙다리네갈래근, 넙다리근막긴장근이 긴장하면 등에도 불편함이 생기게 된다. 무릎관절의 폄과 굽힘은 주로 장딴지근, 넙다리두갈래근, 반힘줄모양근의 작용으로 움직임을 만들어낸다. 발에서 체중을 올바르게 지탱하기 위해서는 장딴지근의 유연성을 유지할 필요가 있다.

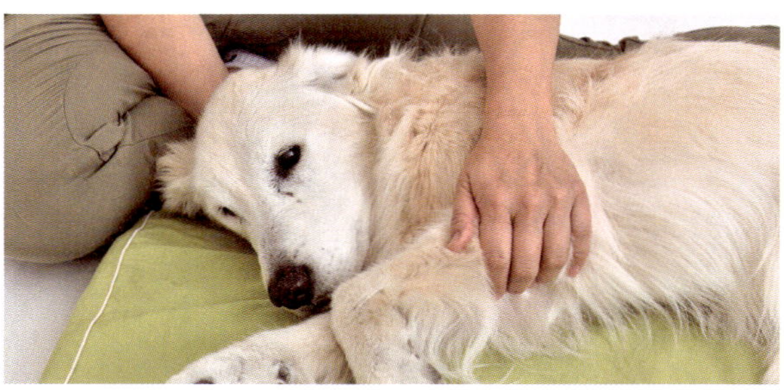

수동적 터치(passive touch)

오직 손바닥을 올려 놓고 자연스럽게 깊은 호흡을 하게끔 반복적으로 시행한다.

스트로킹

뒤통수 부위에서부터 앞다리의 발끝, 어깨에서부터 몸쪽 면, 그리고 뒷다리의 발끝으로 몸의 윤곽을 덧그리는 것처럼 손을 미끄러뜨린다. 자칫 쇠퇴하기 쉬운 고유수용감각(*1)을 재확인시킨다.
(*1 시각(visual sense)에 의존하지 않고 자기 자신의 발끝이나 관절의 위치를 의식할 수 있는 힘)

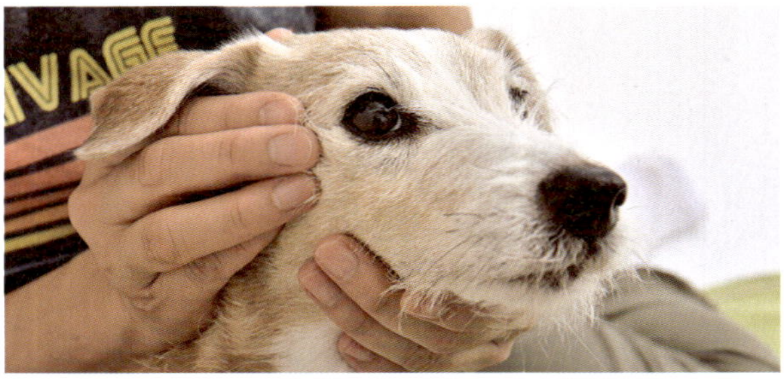

1 시력의 쇠퇴를 방지하는 눈 서클 터치

2~3개의 손가락 끝으로 눈의 주위 (안와의 가쪽)에 작은 원을 그리고 관자놀이를 살짝 민다.

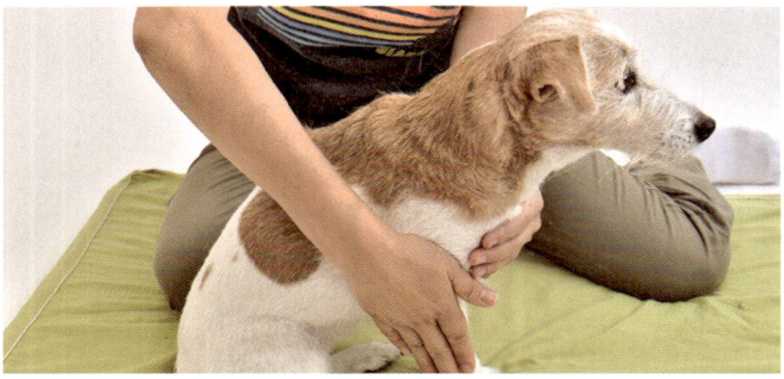

2 몸의 연결을 재확인시키는 교차 스트로킹

손가락 끝을 바닥에 붙이고 오른쪽 앞다리에서부터 왼쪽 뒷다리까지 왕복을 하고 다음으로 왼쪽 앞다리에서부터 오른쪽 뒷다리까지 왕복으로, 2번씩 교차하도록 쓰다듬는다.

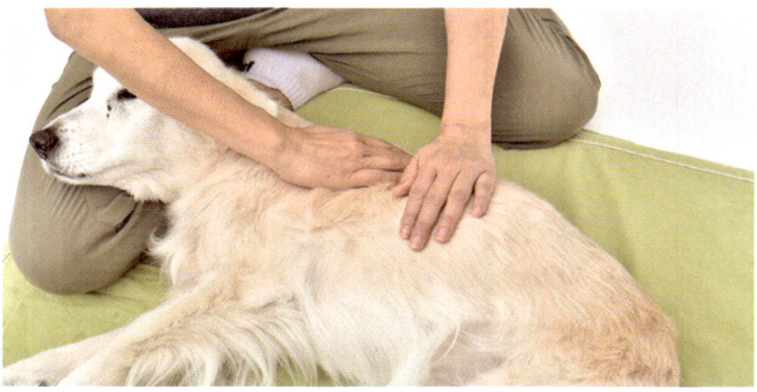

3 등에 에플루라지

자칫 경직되기 쉬운 등에 에플루라지를 시행한다. 처음에는 뒤통수 부위에서부터 꼬리의 시작점까지 시행하고 그 후에 몸쪽 면도 에플루라지를 시행한다.

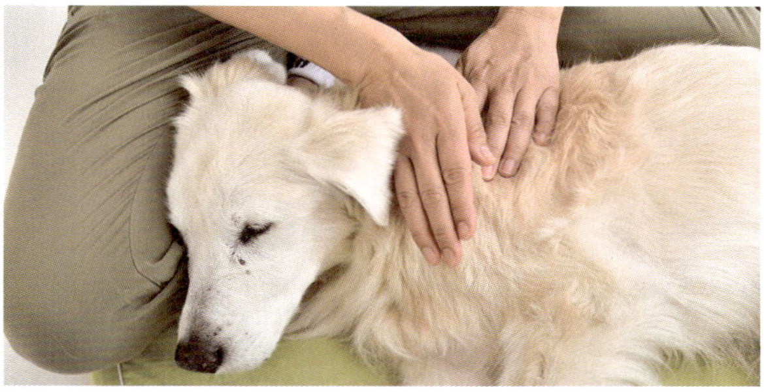

4 어깨의 에플루라지

손의 움직임을 멈추지 않고 몸쪽 면에 에플루라지를 실시하면서 엉덩이 부위까지 가고, 넓적다리 부위에서부터 발끝으로 에플루라지를 시행한다.

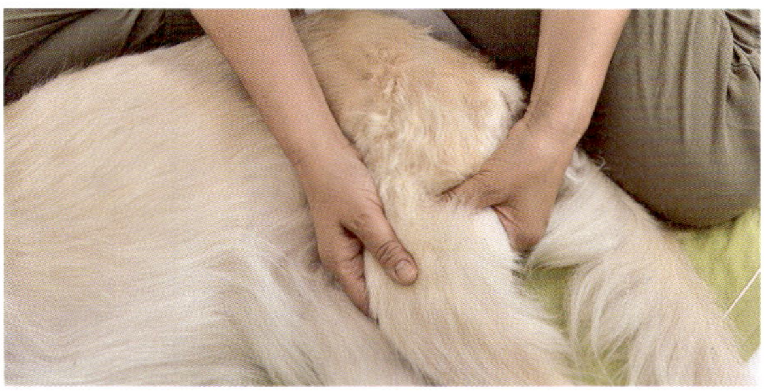

5 넓적다리 부위의 비틀기(squeezing)

손가락을 넙다리빗근, 넙다리근막긴장근을 사이에 끼워 위치시킨 후, 손가락의 옆면을 사용해서 점진적으로 비틀기(squeezing)를 시행한다. 다른 한손은 힘줄모양근, 넙다리두갈래근을 사이에 끼워 넣는 것처럼 위치시킨 후 비틀기를 시행한다.

6 비틀기(squeezing)

장딴지근에 가볍게 비틀기(squeezing)을 한다.

발끝까지 스트로킹

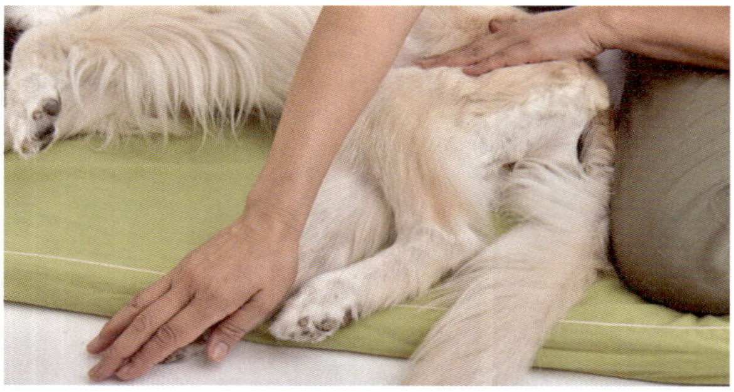

1

나이가 많아지면 말단의 신체인식이 쇠퇴해지기 쉽다. 발끝까지 만져 기분이 좋은 자극을 주어 고유수용감각을 자극한다.

2 발끝을 향한 니딩(kneading)

발끝을 향해 뼈 사이를 엄지손가락으로 부드럽게 덧그린다. 발끝을 약간 넓히는 것처럼 상상해서 한다. 등이나 팔다리의 근육이 약해지게 되면, 걷는 모습이 어색해짐으로써 발끝에 힘이 들어가게 된다.

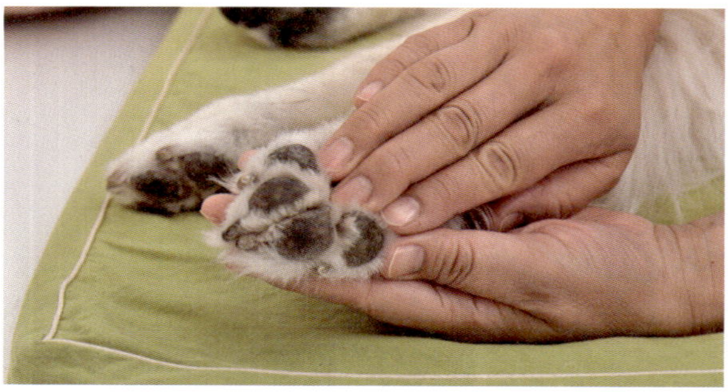

3 반려견 발바닥 패드에 대한 서클 터치

손가락을 사용하여 반려견 발바닥 패드부분 위쪽 움푹 들어간 부위를 시계방향으로 가볍게 작은 원을 그린다. 발의 뒷면에 자극을 주어 발이 지면에 접하고 있는 감각을 잊어버리지 않게 하자.

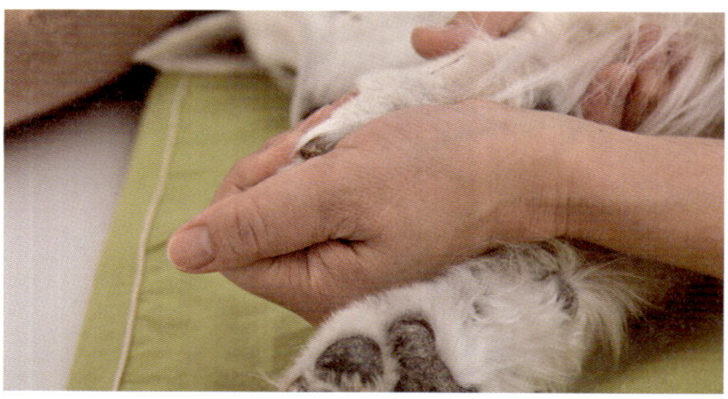

4 발끝의 압박법(compression)

반려견 발바닥 패드부분에 손바닥을 맞춰서 6초에 걸쳐 천천히 압력을 가한다.
6초 유지한 후, 천천히 원래로 되돌린다.
발끝의 혈류를 증진시킨 후, 발끝에서부터 넓적다리 부위로 스트로킹을 시행한다.

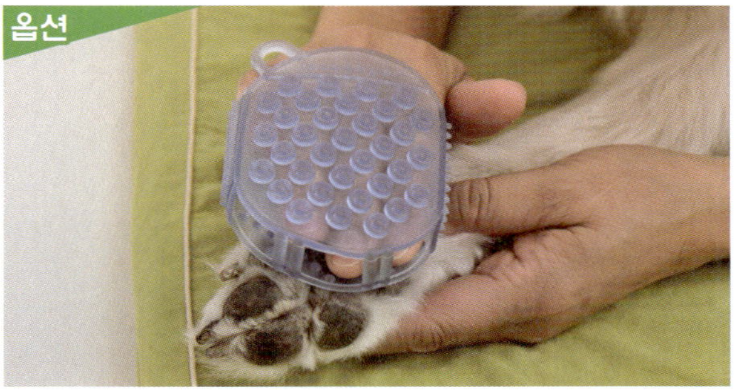

이러한 고무로 만든 브러시나 스펀지 등을 사용하여 점진적으르(부드럽게) 자극을 주는 것도 좋을 것이다.

갈비사이근의 에플루라지

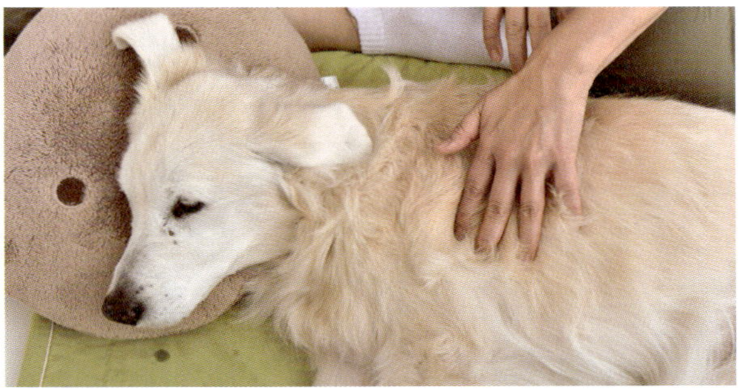

1 몸 전체의 움직임을 돕는다.

호흡도 하기 쉬워진다.
손가락 끝을 약간 벌려서 갈비뼈 사이에 위치시킨 후,
미끄러뜨리듯이 양손을 번갈아가며
척추의 가장자리에서부터 쓰다듬어 내린다.
갈비뼈 13쌍의 앞 절반은 겨드랑이 림프로 향하고,
뒤 절반은 서혜부 림프로 향해서 쓰다듬는다.

2 가시위근과 가시아래근에 니딩

어깨뼈가시를 확인하고 가시위근과 가시아래근 각각에
니딩을 시행한다. 에플루라지를 시행한 후,
양손 엄지손가락의 바닥부분을 사용하여
어깨뼈가시자루에서부터 어깨뼈 등 모서리로 향해서
니딩을 시행한다.

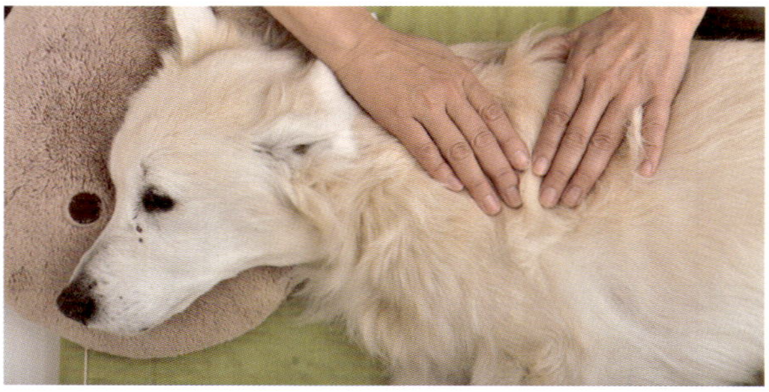

3 어깨뼈 등 모서리에 마찰법(friction)

앞다리의 가동범위를 좋게 한다.
반려견이 누워 있는 위치에서부터 실시하며 엄지손가락의 옆면과 4개의 손가락 끝을 등 모서리에 대고 상 · 하로 가볍게 진동시키는 마찰법을 시행한다. 뒷다리와 허리의 근력이 쇠퇴하여 앞다리에 부하가 걸려 있는 노령견은 척추와 등 모서리 사이(등세모근)에 부하가 걸려 있다.

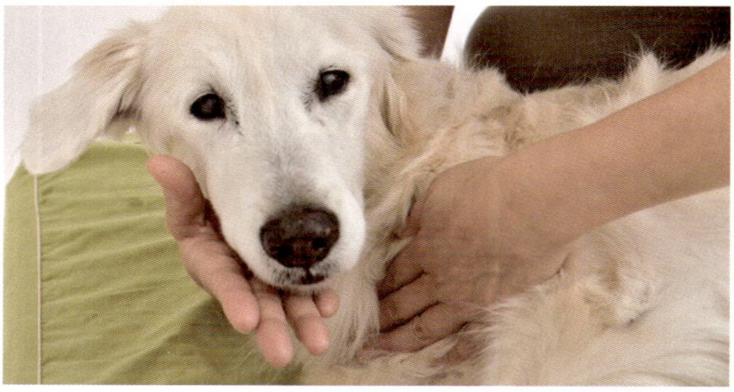

4 멍치 부위(전흉부)의 흔들기 기법(shaking)

머리가 아래로 숙여져 있는 노령견들은 한손으로 턱을 받쳐주고 반대편 손바닥 전체를 멍치 부위에 대고 근육을 진동시키는 것처럼 흔들기 기법을 시행한다. 압력은 가하지 않고 점진적으로 진동시킨다. 복장뼈머리근, 얕은가슴근을 이완시키자.

시행해서는 안 된다.

- 급성기 염증기
- 피하, 피부의 출혈
- 악성 조직 부위
- 체온의 기능조절을 할 수 없는 경우
- 지각 감소, 지각 소실
- 부종
- 혈행장애
- 혈류가 침체되어 있는 부위
- 개방성 창상

어질리티 경기(agility) 등의 반려견 스포츠는 물론 도그 런(dog run) 등에서도 달리는 것은 매우 중요하다.

목 주위와 등 근육이 포인트

목 주위와 등의 유연성은 잘 달리는 반려견에 있어서 매우 중요하다.

달릴 때에는 머리를 아래로 내림으로써 전진할 때 뒷다리를 지면에서부터 들어올리기 쉽게 한다.

목 주위가 긴장하면 뒤통수 부위에서부터 널판근, 가름모근, 등세모근의 유연성이 부족해지므로 반려견은 머리를 아래로 향하기 어려워진다.

등에 있는 가장긴근, 배곧은근, 갈비사이근은 등을 펴거나 줄어들게 하는 움직임에 관여하고 있다. 몸을 길게 펴서 전진하려면 등의 유연성이 필요하다.

어디를 마사지하지?

- 목에서부터 어깨에 걸쳐서
- 등 전체

Point!

달린 직후가 아니라 쿨 다운을 하여(p.96 참조) 몸이 이완한 상태에서 시행한다.

몸 관리의 시행 !

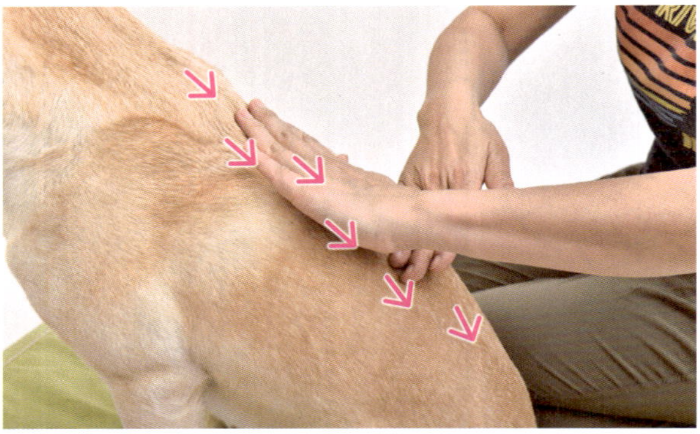

등의 에플루라지

척추 윗부분에 점진적으로 에플루라지를 시행한다.

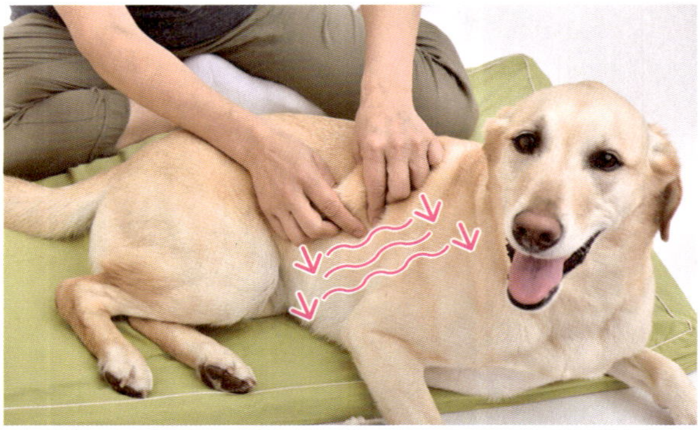

등의 피부 말기(skin rolling)

등 전체에 피부 말기를 시행한다. 피부를 따라가거나 거스르거나, 비스듬히 등등 여러 방향으로 시행한다.

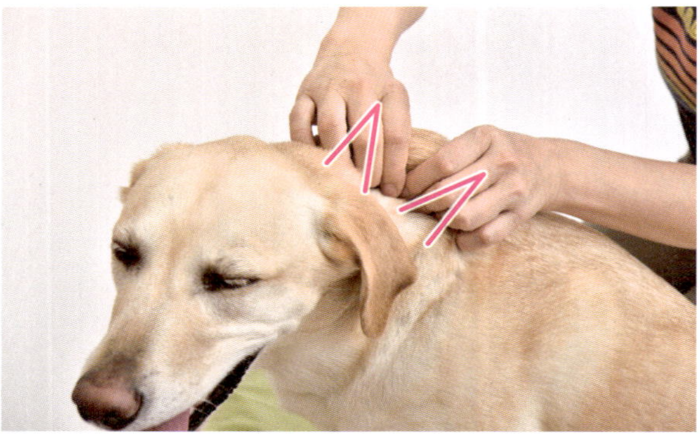

목 주위의 비틀기(squeezing)

어미반려견이 새끼반려견을 들어 올리는 것처럼 천천히 피부를 들어올린다. 숨을 들이쉴 때 들어올리고 천천히 숨을 내쉴 때 원래의 위치로 되돌린다.
부위를 바꾸면서 목 주위를 풀어준다.

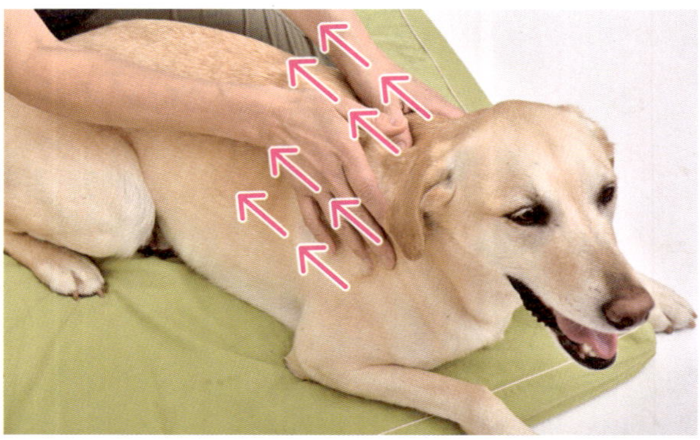

목에서부터 어깨에 걸쳐서 니딩

엄지손가락의 옆면을 사용하여 척추돌기의 양 옆쪽에 점진적인 니딩을 시행한다.
주의 : 척추돌기에는 접촉하지 않도록 한다.

끝이 없을 정도로 공이나 원반 잡기를 매우 좋아한다.

점프할 때 필요한 몸통, 어깨 근육을 관리해주자.

공을 쫓아가서 잡거나 원반을 공중에서 잡는 등, 점프를 할 때는 복부, 볼기 부위, 갈비뼈 근육의 유연성이 필요하다.

자칫 긴장하기 쉬운 어깨 주위, 몸통 부위를 마사지하여 긴장을 이완시키자.

특히 어깨는 점프를 할 때에 뒷다리를 앞으로 뻗으면서 앞다리로 도약하는 움직임, 그리고 앞다리에서부터 착지할 때, 탄력성이 있는 어깨와 앞다리가 필요하다. 이 부분의 근육이 딱딱해지면 앞다리의 가동범위가 감소하여 몸 전체의 움직임이나 자세에 흐트러짐이 발생하고 어깨 통증으로 연결된다. 나아가서는 몸의 뒷부분에 긴장이 발생한다. 통증의 원인이 될 수 있는 근육의 긴장을 풀어주고 해소하자.

어디를 마사지하지?

- 어깨의 주위
- 등에서부터 흉곽

몸 관리의 시행 !

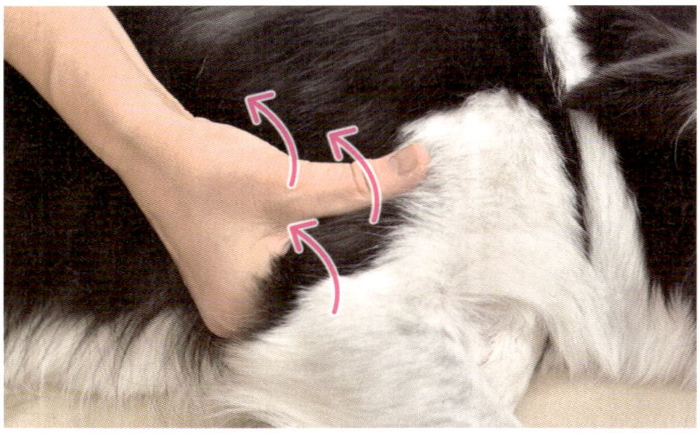

어깨 근육 힘줄의 긴장을 풀 수 있도록
비틀기(squeezing)를 실시한다.

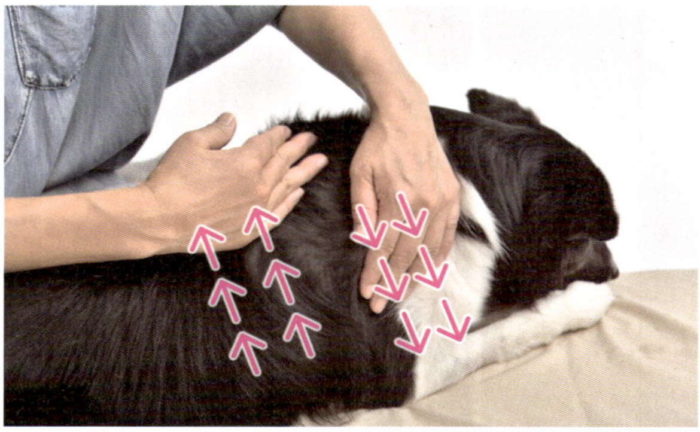

어깨뼈의 등 모서리에서부터 위팔뼈의 큰결절까지
에플루라지를 반복하고 근육을 따뜻하게 하여 이완시킨다.
마지막으로 겨드랑이 림프에 노폐물을 배액한다.

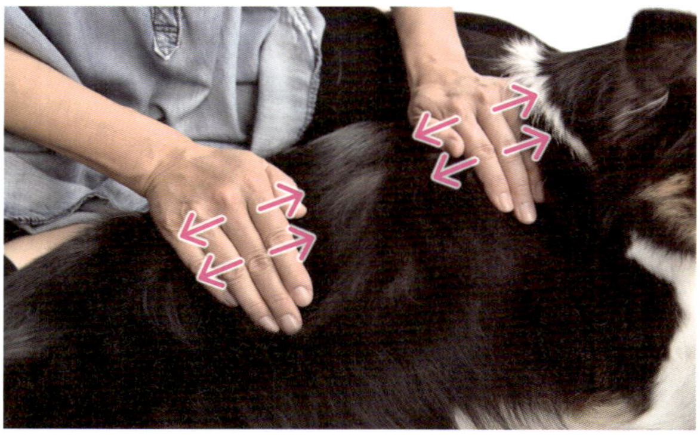

손바닥 전체를 사용하여 근막을 늘려주는 처킹(chucking)
을 하여 등 전체, 흉곽의 피로를 없앤다.

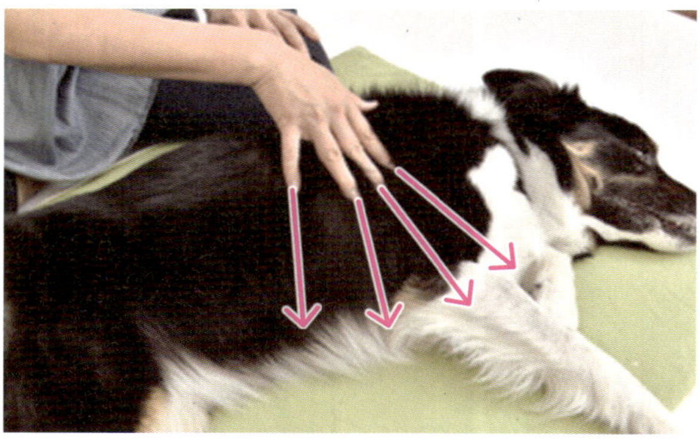

척추의 가장자리에서부터 갈비사이근의 사이에 손가락을
넣는 것처럼 손가락을 미끄러뜨린다.

갈비뼈 13쌍의 앞 절반은 겨드랑이 림프로 향해서
손가락을 미끄러뜨리고 뒤 절반은 서혜부 림프로 향하게
한다.

언제나 산책은 즐겁게 한다. 마음껏 논 후 쿨 다운(cool down)

쿨 다운 마사지로 피로물질을 남기지 않는다.

산책한 후에는 수분 공급을 하고 쉬며, 쿨 다운을 하여 몸과 마음의 긴장을 풀어주도록 하자.

근육을 이완시켜 혈류를 촉진하고 근섬유에 쌓이는 피로물질을 배액하여(흘려 주어) 근육이 경화하거나 탄력성을 상실하는 것을 방지한다. 또한 흥분한 몸과 마음을 진정시킨다.

어디를 마사지하지?

- 명치 부위 전체
- 어깨에서부터 엉덩이 부위에 걸쳐서

Point!

속도는 천천히, 압력은 가볍게, 리듬감 있는 마사지로 근육을 이완시키자!

몸 관리의 시행 !

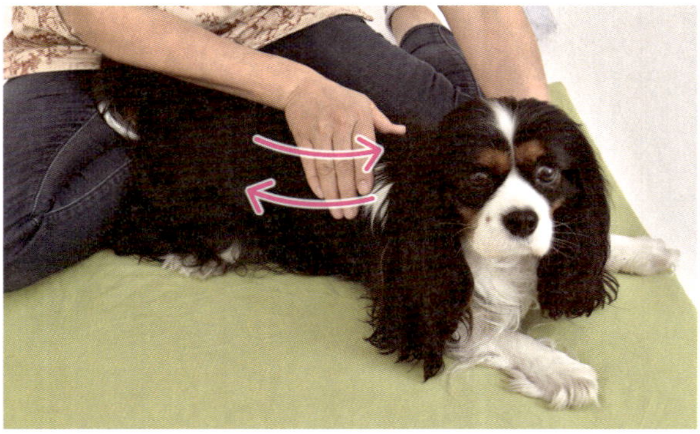

흉부에 흔들기 기법(shaking)

손바닥 전체로 흉곽에 흔들기 기법을 시행한다.
다음으로 겨드랑이 림프, 서혜부 림프에 에플루라지를 시행하여 배액을 촉진한다.

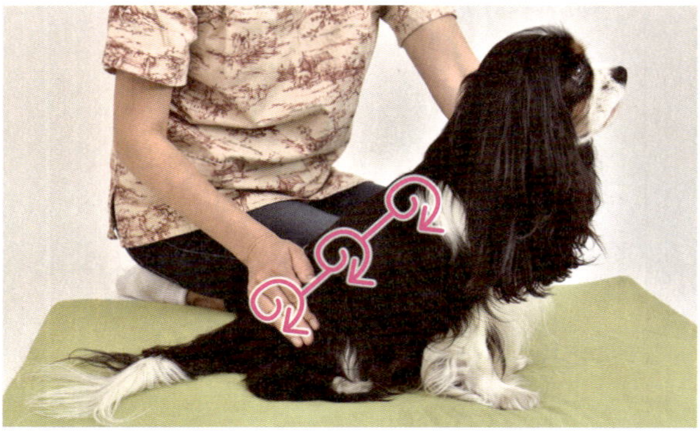

어깨에서부터 엉덩이 부위까지 서클 터치

어깨에서부터 엉덩이 부위까지 손바닥 전체를 감싸는 것처럼 대고 피부를 들어 올리는 것처럼 한 바퀴의 원을 그린다.
하나가 끝나면 손바닥을 그대로 옆으로 이동하여 동일하게 반복한다.

등에 부드럽게 비틀기법(wringing)

등 전체에 부드럽게 비틀기법을 시행한다. 양 손바닥을 번갈아 몸을 덮은 털 위를 가볍게 미끄러지는 것처럼 움직인다.

명치 부위에 흔들기 기법

명치 부위에 그림과 같이 가볍게 흔들어주는 기법을 시행한다. 마지막은 모든 과정을 통합하도록 전신에 스트로킹을 실시한다.

산책에서 반려견이 목줄을 강하게 잡아당기며 걷는다 …

자세를 조절하고 그라운딩(grounding) 동작을 기억하자.

반려견이 목줄을 강하게 잡아당김으로써 앞으로 기우뚱한 자세가 되어 명치 부위에 부하가 걸려 어깨에 과도한 힘이 들어가게 된다.

또한 자유롭게 머리를 올리고 내릴 수 없기 때문에 목 주위, 등에도 긴장을 발생시킨다. 등의 움직임이 제한되기 때문에 뒷다리의 움직임도 나빠지고 발이 지면에 정확히 닿지 않는 상태가 지속되면서 뒷다리의 근력도 쇠퇴해버린다.

왼쪽 다리 쪽으로 보행하는 반려견에서는 잡아당기려고 하는 오른쪽 어깨에 통증이 발생할 것이다. 목에 과도한 압력이 걸림으로써 눈에도 영향이 있다고 일컬어지고 있다. 잡아당기는 경우에는 하네스를 사용하는 등등, 연구를 하여 반려견의 목줄을 강하게 당기지 않도록 주의하라.

어디를 마사지하지?

- 명치 부위(전흉부)
- 목 주위
- 어깨
- 뒷다리 발끝

몸 관리의 시행 !

흔들기 기법(shaking)

힘이 들어가 있는 명치 부위를 이완시킨다. 손바닥 전체로 명치 부위의 흔들기 기법을 시행하여 흔든다.
다음으로 얕은가슴근에 에플루라지를 시행하여 겨드랑이 림프에 배액을 한다(p.58 참조).

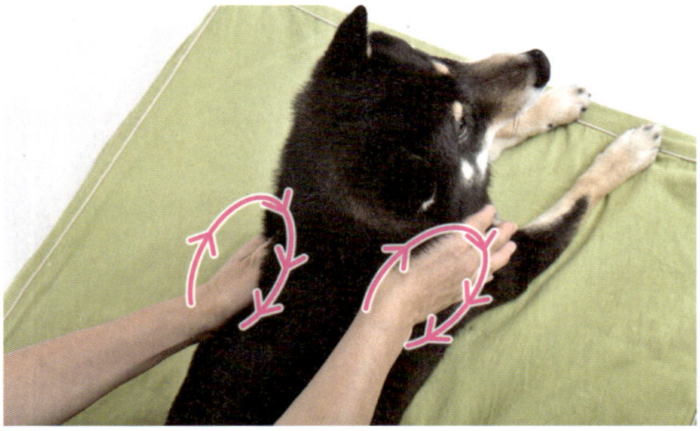

휠 터치(wheel touch)

휠 터치로 앞으로 기우뚱하게 됨으로써 힘이 들어가고 자칫 딱딱해지기 쉬운 어깨뼈의 근육(가시위근, 가시아래근)을 휠 터치로 이완시킨다.
양손 손바닥 전체로 어깨를 감싸는 것처럼 위치시킨 후 자동차 바퀴가 도는 것처럼 좌 · 우 번갈아 머리 방향으로 천천히 크게 움직인다.

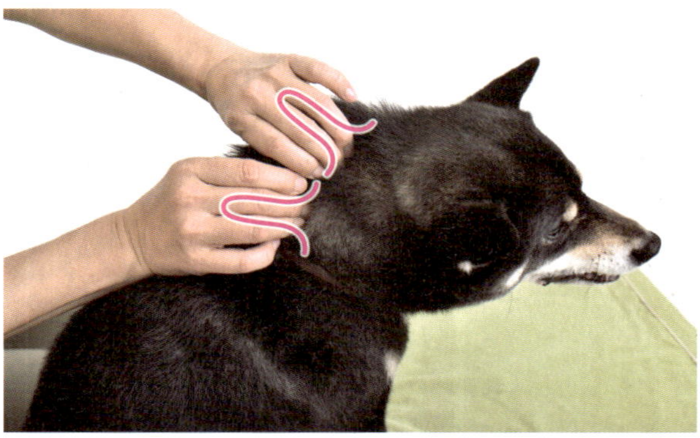

목 주위에 비틀기 기법(squeezing)

목 주위를 숨을 들이쉴 때 크게 들어올린다. 숨을 내쉴 때 천천히 원래대로 되돌리고 손을 살짝 뗀다.
부위를 이동하여 마찬가지로 반복한다.
뒤통수 부위에서부터 목 주위를 이완한다.

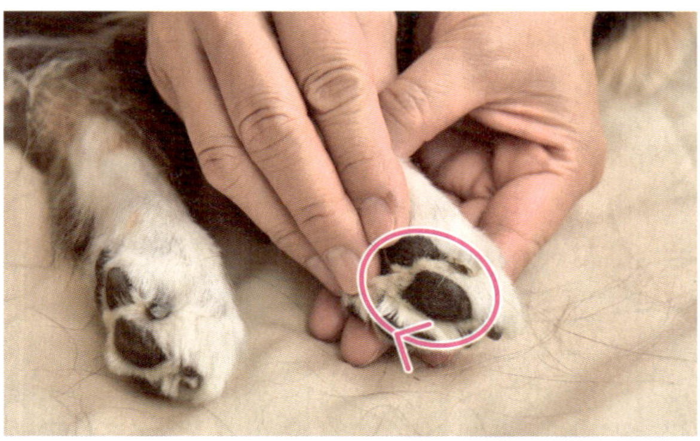

반려견 발바닥 패드부분에 작은 서클 터치

뒷다리의 발끝에 대한 인식이 높아지고 지면을 힘껏 밟으며 꽉 쥐는 힘이 잘 작용될 수 있도록
손가락 끝으로 반려견 발바닥 패드 부분의 위쪽 사이를 시계방향으로 작은 원을 그리며 서클터치 한다.
스트로킹으로 발끝까지 쓰다듬어 내려 그라운딩(땅에 발을 붙이는)을 시행한다.

집안에서 나는 소리나, 밖에서 들려오는 소리 등, 작은 소리에 대해서도 민감하게 반응한다 …

귀를 이완시켜서 마음이 편안해질 수 있도록 도와준다.

작은 소리까지도 캐치하여 반응하는 능력은 반려견의 훌륭한 능력 중 하나이지만, 언제나 정찰대처럼 반응하고 있다고 하면, 반려견과 반려인 모두에게 힘든 일이다.

소리에 민감한 반려견은 귀가 딱딱해지고 혈류가 나빠지며 외이염 등의 질병이 발생할지도 모른다.

신경을 지나치게 많이 써서 딱딱해져 있는 귀를 편안한 상태로 이완시킴으로써 마음의 상태도 편안해질 수 있다.

귀를 만지는 것을 싫어하는 경우에는 손등으로부터 만지는 것을 시작하기 바란다.

또한 귀의 냄새를 확인하거거나 속을 들여다보거나 하여 귀의 상태를 체크하는 것도 중요한다.

어디를 마사지하지?

- 머리
- 귀 전체
- 목

몸 관리의 시행 !

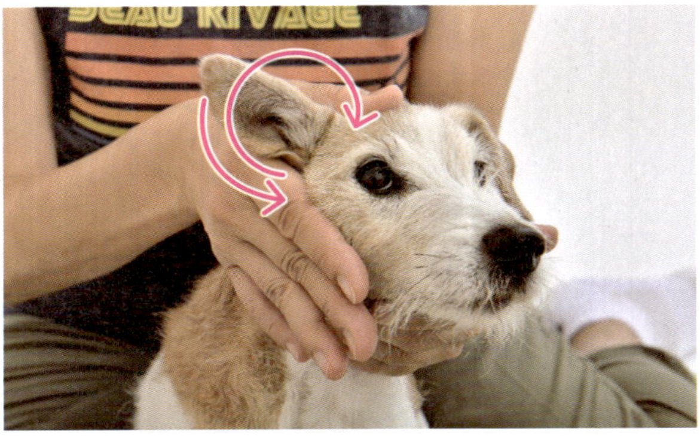

귀 아래 부위를 크게 돌려서 풀어준다.

귀의 아래 부위를 엄지손가락과 4개의 손가락으로 사이에 넣는 것처럼 잡고 두피의 움직임을 머리속에 그려본 뒤 크게 앞으로 3회, 뒤로 3회 돌린다.

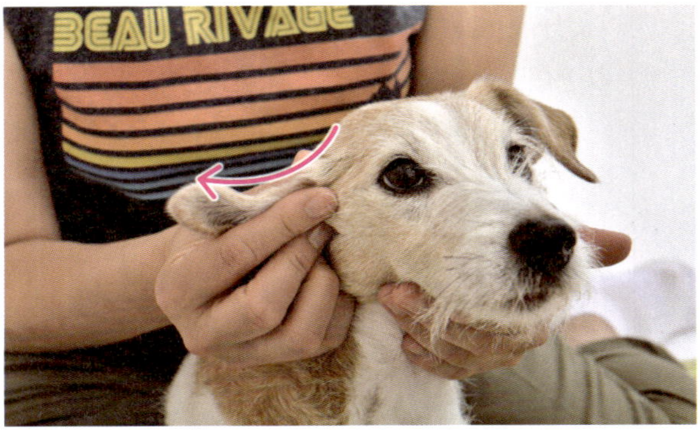

귀에 스트로크로 귀에 대한 인식을 높인다.

엄지손가락의 바닥으로 귀 시작 지점(눈꼬리와 직선을 이루는 부위)에서부터 귀의 끝으로 향해서 부드럽게 꽃잎을 만지는 것처럼 손가락을 미끄러뜨린다.
끝에서는 엄지손가락과 지지하고 있는 손가락을 사용해서 조금만 압력을 가한다. 그리고 털끝까지 쓰다듬는다.
엄지손가락의 바닥만큼 뒤로 이동하여
다시 시작 지점에서부터 귀의 끝으로 와서 반복 실시한 후 귀 전체를 쓰다듬는다.

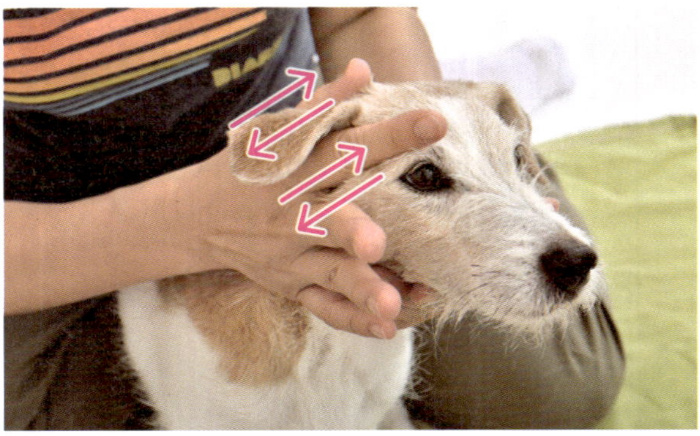

귀 주위의 혈류를 촉진한다.

엄지손가락과 집게손가락 사이를 사용해서
귀를 뒤에서부터 끼워 넣는 것처럼 집고 앞 · 뒤로 5회, 손가락을 미끄러뜨린다.

딱딱해져 있는 복장뼈머리근을 이완시킨다.

귀의 아래 쪽 시작 지점에서부터
어깨관절까지(복장뼈머리근)를
엄지손가락과 집게손가락으로 가볍게 사이에 끼워 넣는 것처럼 풀어간다.

집에서도, 밖에서도 바로 보호자에게 깡충깡충 덤벼들어 안아주기를 졸라댄다.

안아주기를 조르는 심리상태

안아주기를 조르는 반려견의 몸과 마음의 불안감을 덜어준다.

프레이즈 터치(praise touch)에 의해 심신을 모두 이완시켜 마음의 상태도 정서적으로 안정시킨다.

우선은 목 주위의 긴장을 제거하고 신체의 인식을 높여 그라운딩(땅에 발이 닿다)을 촉진하고, 신체와 마음이 통하게 하여 반려견에게도 불안감이 없는 시간을 만들어주며 안정감을 주어 정서를 안정시킨다. 보호자도 함께 이완하여, 심호흡을 유도해준다.

또한 소형견은 쉽게 안아주는 일이 많아지게 됨으로써, 반려견 스스로 견고하게 땅을 힘껏 딛는다는 감각이 저하되어 버린다.

불안한 상황에서 안겨지는 일이 반복되면 반려견 자신이 약간의 불안에도 자신 스스로 대응할 수 없게 된다.

발끝을 딛는 힘을 북돋아 그라운딩을 촉진하고, 감정적인 면에서도 자신감과 안정감을 주자.

어디를 마사지하지?

- 목 주위
- 발끝에서부터 몸 전체

몸 관리의 시행!

목을 비틀어 올려다보고 있어 자칫 긴장하기 쉬운 목 주위를 이완시킨다. 목 주위를 숨을 들이쉴 때 좀 더 들어올린다. 숨을 내쉬면서 천천히 원래로 되돌려 손을 살짝 뗀다.
부위를 이동해가며, 반복한다. 소형견 4회, 중형견 6회, 대형견 8회가 기준이다.

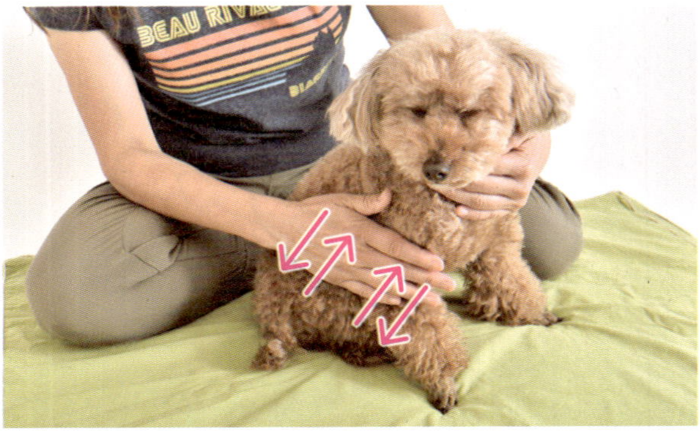

어깨에서부터 발끝, 넓적다리 부위에서부터 발끝을 슬라이딩 터치(sliding touch)로 그라운딩(grounding)을 촉진한다. 손바닥 전체를 몸통을 감싸는 것처럼 놓고 숨을 들이쉴 때 피부를 들어올리고 천천히 숨을 내쉴 때 원래의 위치로 되돌린다. 손을 떼지 않고 아래로 미끄러뜨려 다음 부위로 옮겨 반복한다.

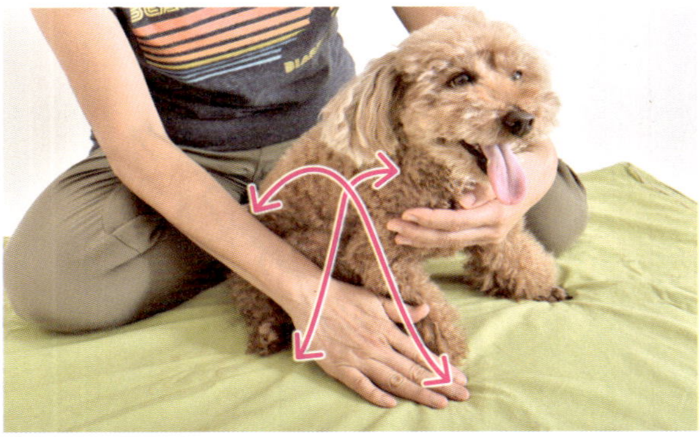

교차 스트로킹으로 몸의 앞과 뒤의 연결을 인식시킨다. 손가락 끝을 바닥에 붙이고 오른쪽 앞다리에서부터 왼쪽 뒷다리의 왕복, 다음으로 왼쪽 앞다리에서부터 오른쪽 2회씩 왕복하여 교차되도록 쓰다듬는다.
등의 한가운데에서 손바닥을 회전시켜 손가락 끝을 발끝으로 향하게 한다.

수동적 터치(passive touch)로 안도감을 준다.
손바닥 전체를 몸통을 감싸는 것처럼 살짝 댄다.
반려견의 체온을 손바닥으로 감지한다.
다음은 반려견의 호흡을 손바닥으로 감지한다.
반려견과 함께 호흡의 리듬에 맞춘다. 호흡이 빠른 경우에는 자기 자신의 깊은 호흡을 유도한다.
아무것도 생각하지 않는 것처럼 손바닥의 감각에 마음을 맡긴다.

차임벨 소리나 어떤 특정 자극 시 짖는 것을 멈추지 않게 된다.

짖어대는 몸의 자세에서 힘이 들어가는 몸 뒷부분을 이완한다.

짖어준다는 것은 개의 능력이며 고마운 일이지만, 어떤 자극에 대해서 예를 들면, 현관의 차임벨 소리가 울리면 좀처럼 짖어내는 것을 멈추지 않는 경우에 코와 주둥이 부분(muzzle)을 만져 부드러운 자극을 줌으로써 감정면에서의 균형을 촉진하고 입언저리에 대한 인식을 높이자.

또한 경계심으로 인해 딱딱해지는 꼬리를 이완시킴으로써 마음의 안정을 촉진한다. 차임벨 소리에 짖는다고 해서 사람이 개에게 큰 목소리로 화를 내거나 고함쳐 목소리를 높이면 신뢰하던 가족도 불쾌하다고 느껴 반려견은 차임벨 소리가 역시 부정적인 것이라 생각하게 된다.

이러한 경우에는 사람이 심호흡을 하고 반려견이 어떤 것을 하고 싶은지를 상상한다. 짖는 것을 잠깐이라도 멈췄을 때는 칭찬한다.

어디를 마사지하지?

- 두통수 부위
- 목 주위
- 꼬리

몸 관리의 시행 !

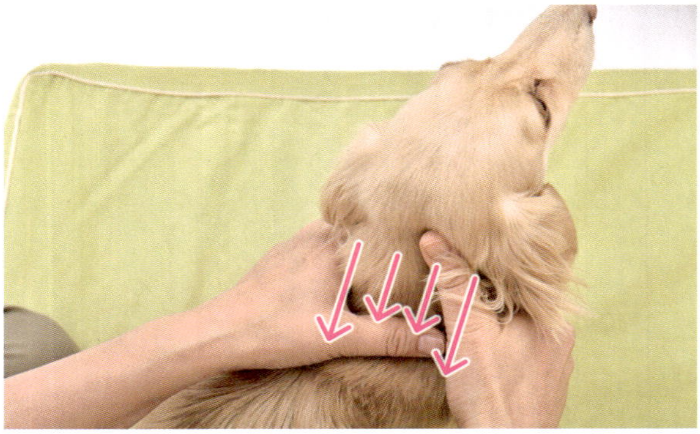

뒤통수 부위를 쓸어내리기

짖을 때 긴장하는 뒤통수 부위의 널판근을 니딩을 하여 이완시킨다. 양손의 엄지손가락 옆면으로 미끄러지는 것처럼 움직인다. 옆으로 이동하며 마찬가지로 반복한다.

주의 : 엄지손가락 손끝으로 하지 않도록 하고 과한 압박이 되지 않도록 하자.

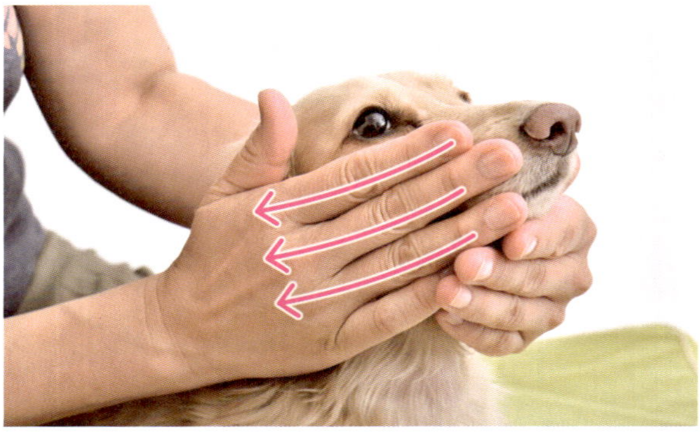

코와 주둥이 부분의 스트로킹으로 감정의 균형을 촉진한다.

한쪽 손으로 턱을 지지하고, 손가락을 붙여 코끝에서부터 귀의 시작 지점까지 어미개가 새끼개를 핥는 것처럼 손가락을 미끄러뜨린다. 한쪽에 5회씩이 기준이다.

주의 : 코와 입 주위의 털을 만지는 것은 말초신경을 민감하게 하기 때문에 장시간 시행하지 않는다.

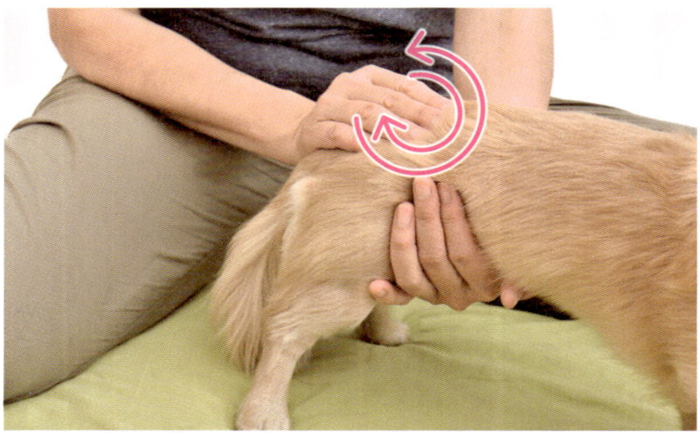

꼬리 시작 지점의 서클 터치로 자율신경의 균형을 촉진한다.

꼬리 시작 지점을 손가락 끝으로 가볍게 시계방향으로 3회, 반시계방향으로 3회 작은 원을 그리는 것처럼 손가락 전체로 쓰다듬는다.

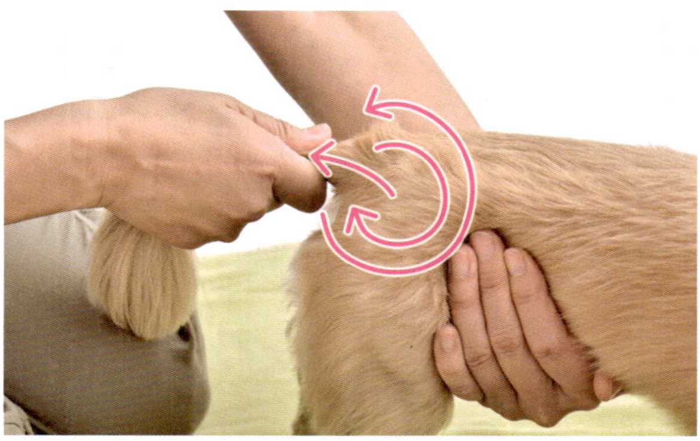

꼬리의 스트레칭으로 몸의 긴장을 이완한다.

꼬리의 시작 지점을 잡고 시계방향으로 3회, 반시계방향으로 3회, 반려견의 꼬리의 가동범위 내에서 돌린다.

다음으로 천천히 꼬리를 잡아당겨 스트레칭을 하고 그 다음에 원래의 위치까지 놓아준다.

주의 : 호흡에 맞춰 내쉴 때 당겼다가, 들이쉴 때 놓아준다.

반려견 옷을 입으면 굳어져버린다 …
샴푸나 솔질 등을 싫어한다 …

몸을 덮은 털에 새로운 감각을 주어 트라우마를 풀어준다.

한번 샴푸로 싫은 느낌이 들었거나 솔질(brushing)을 할 때에 털이 걸려 아픈 경험을 하였을 때, 트라우마가 있을지도 모른다.

새로운 촉각적 감각을 주는 터치로 기억에 남아 있는 과거의 트라우마를 좋은 기억으로 조금씩 바꿔가자.

또한 강아지 때에 다른 강아지와 서로 장난치며 노는 경험을 충분히 할 수 없었던, 사람의 손으로 몸을 쓰다듬어주는 경험이 적었던 개의 신체인식은 그러지 않았던 반려견과 비교하면 적어진다. 자기 자신의 몸과 외부와의 경계선에 대한 감각이 분명하지 않아 만져지는 것에 대해서 민감하게 반응한다. 강아지에 점진적인 촉각적 감각을 전달해 조금씩 익숙해지게 하여 신체감각을 향상시킴으로써 극복하자.

어디를 마사지하지?

- 명치 부위
- 몸통 부위
- 목 주위
- 몸 전체

몸 관리의 시행 !

머리에 헤어 서클(hair circle)로 점진적인 자극에 순응시킨다.

엄지손가락과 집게손가락, 가운데손가락으로 털의 밑을 잡고 피부를 움직이는 것처럼 작은 원을 그리며 털끝까지 손가락을 미끄러뜨린다. 조금씩 주변 부위로 옮겨간다.
주의 : 털을 과하게 잡아당기지 않도록 할 것.

몸 전체에 헤어 서클로 몸 전체에 대한 점진적인 자극에 순응시킨다.

동일한 방법으로 몸 전체에 시행한다.

명치 부위에 부드럽게 비틀기법(wringing)으로 이완을 촉진한다.

손바닥 전체를 반려견의 가슴에 대고 손바닥을 일정한 리듬으로 미끄러지도록 번갈아 움직인다.

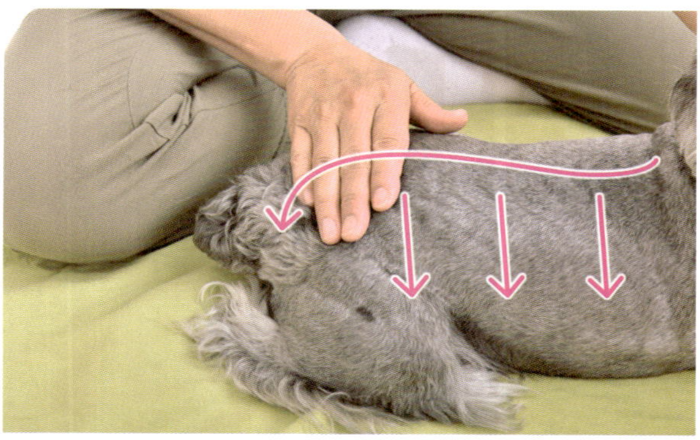

몸 전체에 스트로킹으로 몸통을 인식시킨다.

손바닥을 밀착시켜 몸통을 쓰다듬듯이 스트로킹을 시행한다.

훈련경기대회 또는 도그 쇼(dog show) 등, 긴장감이 있는 장소에 참여하면 지쳐버린다.

사람이 심호흡을 함으로써 반려견도 안정된다.

경기대회나 도그 쇼 등 심사를 하는 환경에서는 많은 사람이 긴장하고 있기 때문에 이것이 전달되어 반려견도 긴장하게 된다.

사람도 자기 자신의 호흡을 깊게 하도록 주의하여 프레이즈 터치(praise touch)를 시행함으로써 사람이 안정되면 터치를 받는 반려견도 안정된다.

또한 행사에 참여하거나 여행을 하는 등, 새로운 자극과 동시에 익숙하지 않은 장소에서 긴장하는 몸을 이완시키자.

어디를 마사지하지?

- 귀
- 몸쪽 면
- 사지의 발끝

Point!

귀가 긴 견종은 한쪽의 손바닥으로 지면과 평행으로 하여 지지하고, 다른 한쪽 손가락 2개로 스트로킹을 한다. 힘을 주지 않고 꽃잎을 만지는 것처럼 한다.

몸 관리의 시행!

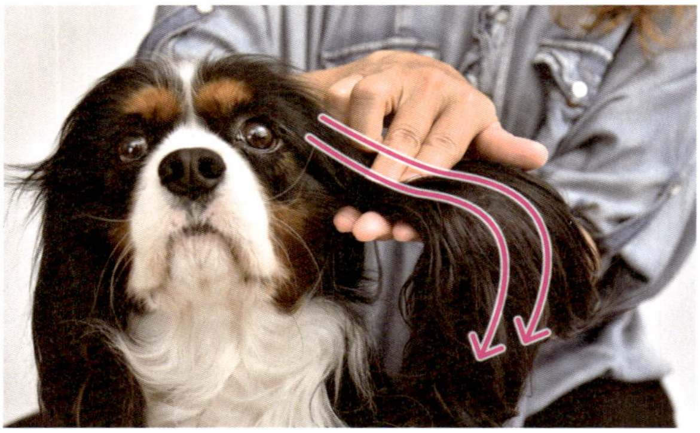

귀에 스트로킹으로 반려견에게 안정감을 준다.
양손의 엄지손가락으로 머리위(두정부)에서부터 귀의 시작 지점까지 두피를 스트레칭하는 것처럼 손가락을 미끄러뜨린다.
한쪽 손으로 턱을 지지하고 엄지손가락이 귀의 위쪽, 나머지 4개의 손가락은 아래쪽에 오도록 잡고 귀의 시작 지점에서부터 끝까지 손가락을 미끄러뜨린다.
털이 긴 경우에는 털끝까지 계속해서 스트로킹을 시행한다.

귀의 시작 지점을 서클 터치로 긴장을 완화시키자.
손으로 가볍게 쥐고 손의 등쪽을 사용해서 원을 그린다.
손가락 끝 두 마디 사이의 평편한 부분을 사용한다.
소형견의 경우는 손톱의 뒤쪽을 사용하여 시계방향으로 작은 원을 그리자. 하나의 원을 그린 후에 손을 이동시켜서 또 하나의 원을 그린다. 이것을 5회 반복한다.
주의 : 힘을 지나치게 주지 않도록 한다.

어깨에서부터 엉덩이 부위까지 서클 터치로 몸과 마음의 긴장을 완화시킨다.
손바닥 전체를 반려견의 몸에 밀착시켜 시계방향으로 연속으로 하여 원을 그린다. 하나의 원을 그린 후에 다음 부위까지 이어지도록 해서 또 원을 그린다.
*손은 몸을 덮고 있는 털 위에서만 미끄러뜨리는 것이 아니라 피부를 움직인다. 피부를 들어 올리는 것처럼 원을 그리자.

전신을 스트로크로 마음을 안정시킨다.
손바닥 전체를 사용하여 몸 전체를 쓰다듬는다.
손바닥의 따뜻함이 전달되도록 일정하고 느린 속도로 뒤통수 부위에서부터 목, 그리고 꼬리 끝까지 털의 흐름을 따라서 긴 스트로크를 시행한다. 어깨에서부터 발끝까지 왔으면 지면으로 쓰다듬어 내리는 것처럼 하여 그라운딩(grounding)을 촉진한다. 어깨에서부터 몸쪽 면, 엉덩이 부위에서부터 뒷다리의 발끝까지로 진행한다.

스포츠를 하기 전 부상을 예방하기 위한 워밍업을 한다.

근육을 따뜻하게 하여 혈류를 좋게 만든다.

운동 전에는 혈액순환을 촉진하여 반려견을 활성화하고 몸을 따뜻하게 하는 워밍업을 하자.

몸이 따뜻해지고 고유수용감각이 좋아짐으로써 부상이 방지된다. 특정 근육에만 마사지를 한다는 것은 아니다. 흔들기 기법(shaking)으로 전체 부위를 흔들고, 가볍게 두드리기(tapotement)로 점진적으로 자극을 준다.

꼬리는 몸의 균형을 잡는 키잡이(helmsman) 역할을 하고 있기 때문에 꼬리의 스트레칭도 몸 전체의 움직임에 좋은 영향을 준다.

어디를 마사지하지?

- 명치 부위
- 등에서부터 몸의 뒷부분
- 꼬리

몸 관리의 시행 !

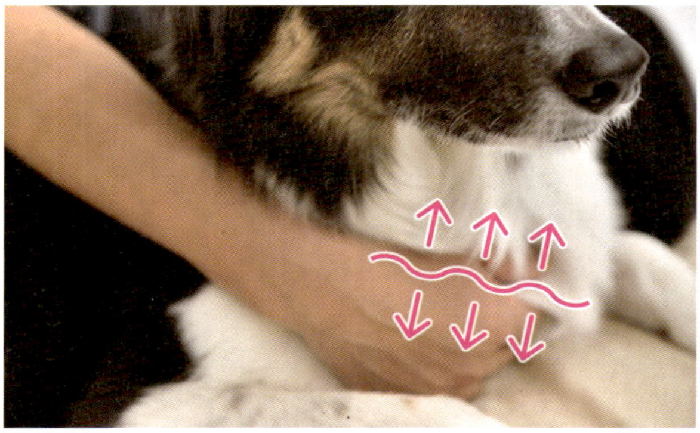

가슴 부위의 흔들기 기법(shaking)

손바닥 전체로 2, 3초마다 부위가 다르게 하면서 근육을 흔들도록 손으로 진동시킨다.

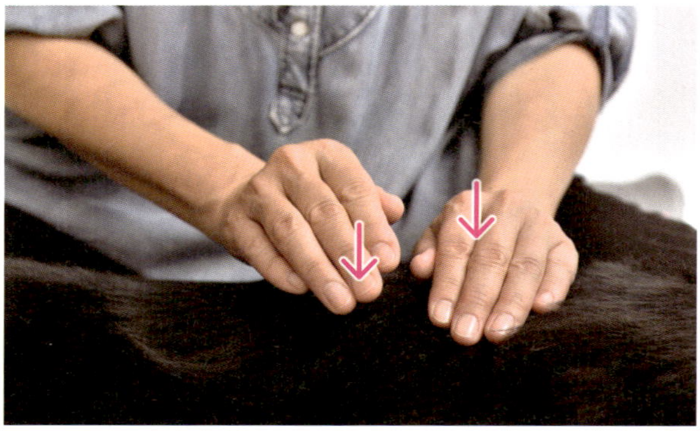

등 · 허벅지 부위를 가볍게 두드리기(tapping)를 한다.

손가락 끝의 힘은 빼고, 매우 가벼운 힘으로 두드리는 것처럼 움직인다.

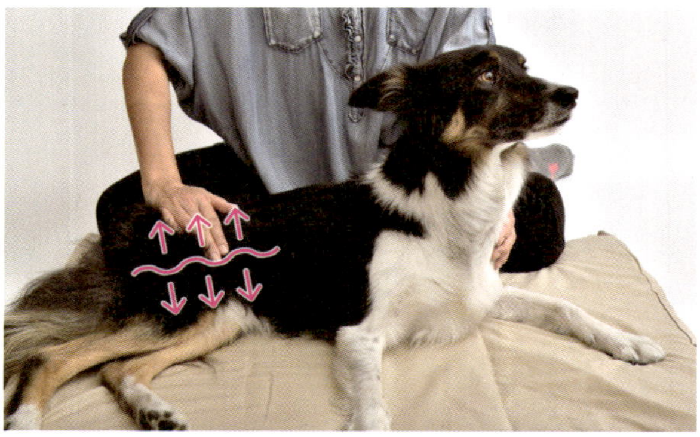

허리, 엉덩이 부위, 뒷다리의 흔들기 기법(shaking)

손바닥 전체로 2, 3초마다 부위가 들리게 하면서 근육을 흔들도록 손을 진동시킨다.

꼬리의 스트레칭

꼬리의 시작 지점을 잡고 시계방향으로 3회, 반시계방향으로 3회, 반려견 꼬리의 가동범위 내에서 돌려준다.
다음으로 천천히 꼬리를 잡아당겨 스트레칭을 하고 원래의 위치까지 놓아준다.
주의 : 호흡에 맞춰서 시행할 것.

근육의 유연성을 높이는 스트레칭

Point!

- 관절에 부하가 걸리지 않도록 한다.
- 지면과 평행하게 움직인다.
- 손은 필요 이상의 힘을 넣지 않도록 한다.
- 심호흡을 잊지 않도록 한다.
- 과도한 스트레칭을 실시하지 않고 가동범위 내에서 한다.

우선은 가벼운 스트레칭을 몇 번 정도 시행한다.

한 번의 세션에서 2, 3회 시행하면 좋을 것이다. 마사지의 마지막에 흔들기 기법, 스트로킹을 시행하여 이완시킨다.

앞다리의 스트레칭

스트레칭하는 주요 근육

등세모근, 마름모근, 넓은등근, 목의 배톱니근, 어깨세모근, 위팔세갈래근

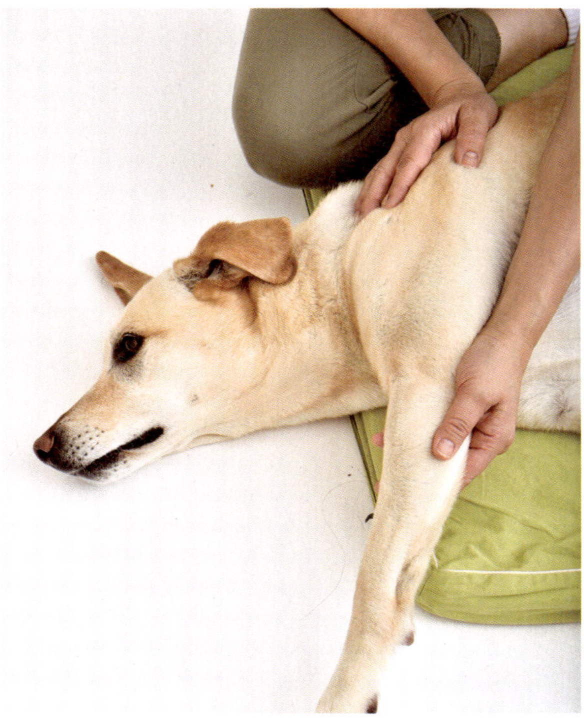

머리 방향으로 스트레칭

한쪽 손은 등의 어깨뼈 모서리를 지지하고 또 한쪽의 손은 팔꿈치 뒤에서부터 손목관절까지 관절을 안정된 상태로 잡고 천천히 스트레칭을 한다. 처음에 몇 번은 작은 움직임을 하고, 반려견이 다리를 원래로 되돌리려고 하면 무리하게 움직이려고 하지 말고, 움직임에 맞춰서 함께 손을 원래로 되돌린다. 이완을 촉진하도록 부드럽게 스트로킹을 시행한다.
반려견이 다리를 무리 없이 펼 수 있을 때까지 끈기있게 기다린다.

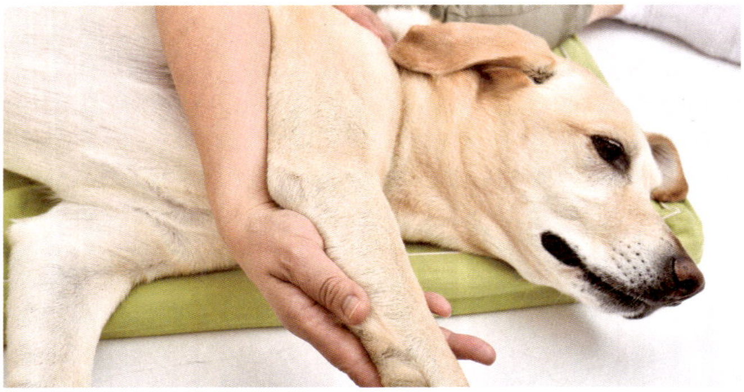

무리 없이 스트레칭을 마치면 반려견이 가지고 있는 가동범위까지 팔꿈치의 뒤를 지지하면서 펴고 그대로 15초를 기다린다. 그리고 천천히 원래로 놓아준다.

주의 : 어깨뼈를 지지하고 있는 손은 가볍게 지지하고 있도록 하여 어깨의 움직임을 방해하지 않도록 한다.

스트레칭하는 주요 근육

가슴근육, 위팔머리근, 위팔두갈래근, 굽힘근

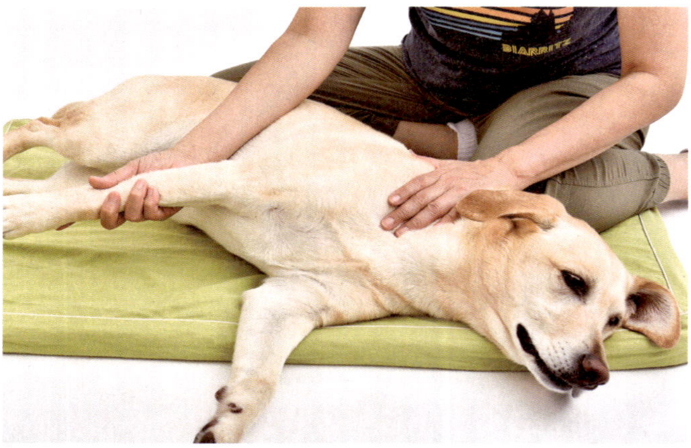

꼬리 방향으로 스트레칭

앞다리를 머리 방향으로 스트레칭이 끝나면 손을 놓지 않은 채로 앞다리를 중립위치로 되돌린다. 그리고 그대로 앞다리를 꼬리 방향으로 스트레칭을 한다. 가동범위의 범위를 확인하며 스트레칭을 시행할 때 약 10초~15초 기다린다.

뒷다리의 스트레칭

스트레칭하는 주요 근육

넙다리근막긴장근, 볼기근육, 뒤넙다리근(반힘줄모양근, 반막도양근, 넙다리두갈래근)

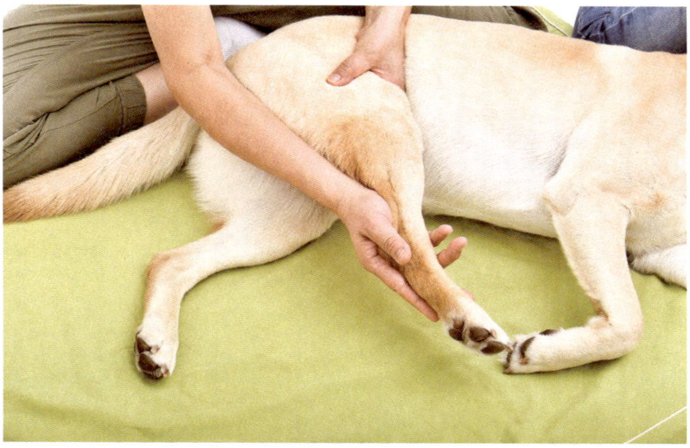

머리의 방향으로 스트레칭

한쪽 손은 엉덩뼈 위를 지지하고(대형견인 경우는, 넙다리뼈 위를 지지하여 다리가 불안정하게 되지 않도록 한다), 또 한쪽의 손은 넓적다리 부위에서부터 발목관절을 잡고 천천히 머리 쪽으로 움직인다. 무리 없이 스트로킹이 되었으면 그대로 약 15초~20초 유지한다. 그리고 천천히 원래로 놓아준다.

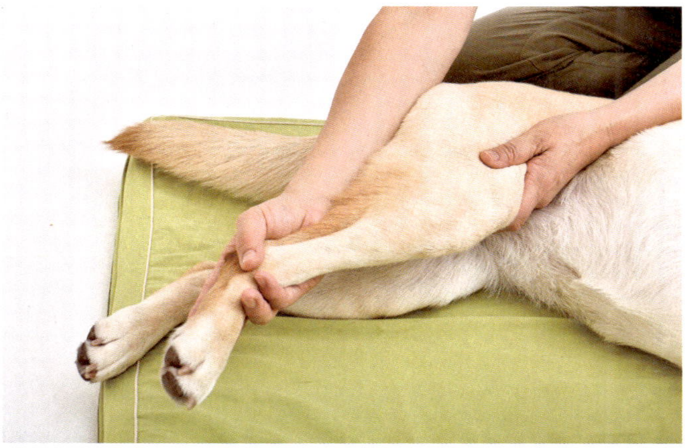

꼬리 쪽으로 스트레칭

뒷다리의 머리 쪽으로의 스트레칭이 끝났으면 일단 뒷다리를 중립 위치로 하고 손을 지지한 채로 이완시킨다. 그리고 그대로 뒷다리를 꼬리 쪽 방향으로 스트레칭을 한다. 가동범위의 범위를 확인하여 스트레칭을 시행하고 펴진 범위에서 약 15초~20초 기다린다.

column

"밸런스 볼" 의 권유

밸런스 볼(balance ball)이란 원래는 사람의 재활을 위해 고안된 것이다. 근육을 강화시키는 데에는 가장 적합하다고 할 수 있다. 밸런스 볼을 운동으로서 도입하면 반려견에게 많은 이점이 있다.

반려견은 원래 머리를 사용하여 신체를 움직이는 것을 아주 좋아한다. 그러나 도시생활에서는 산책로가 아스팔트의 평편한 길 뿐이다. 울퉁불퉁한 길을 신체의 균형을 잡으면서 걷거나, 장애물을 피하는 기회는 적다.

또한 태어나서부터 이른 시기에 형제로부터 떨어지는 경우도 많고, 어릴 때부터 반려견끼리 서로 몸을 부딪치면서 장난을 쳐 스스로의 신체를 느낄 기회도 적어졌다.

마사지에 의해서 근육, 인대, 힘줄, 관절의 상태를 양호하게 유지하고 몸 전체의 상태를 조절함과 동시에 밸런스 볼에서의 운동을 도입하면 반려견에게 이러한 감각을 제공해 산책만으로는 배양되지 않는 근력, 균형기능, 유연성, 지구력, 그리고 정서적인 면을 유지하는 것이 좋을 것이다.

초소형견 · 소형견에게 !

소형견은 가족에게 쉽게 안기려는 경향이 있고, 반려견 자신이 지면을 힘껏 밟는다는 감각이 감소해 있다.

이러한 경우, 근육이 적고 인대나 힘줄로 지켜지고 있는 발끝의 힘이 약화되어 악력(grip force)이 감소된다. 발끝의 힘이 없으면 그 위에 있는 무릎관절, 그리고 엉덩관절에도 영향이 나타난다.

또한 감정적인 면에서도 바로 불안하게 되거나 두려워하는 등 행동으로 영향이 나타난다.
밸런스 볼을 힘껏 밟거나 앞 · 뒤로 밸런스 볼을 딛게 함으로써 발끝, 발바닥의 의식을 높여 인대, 힘줄을 강화하고 근력을 높인다.
감정적인 면에서도 확고하게 힘껏 밟는 힘을 북돋움으로써 자신감이 붙고 차분함을 느낀다.

초대형견에도 적절하다 !

견종이나 그 개체에 따라 운동의 질이나 양이 다르다. 예를 들면, 초대형견인 그레이트 피레네(Great Pyrenees)는 산길이나 들길을 걷고 양(sheep)을 지켜온 반려견이다. 강인한 체력을 가지고 있어 충분한 운동을 필요로 한다.

다양한 밸런스 볼을 배열하고 그 위를 올라가거나 내려오거나 하는 운동을 산책과 함께 시행시키면, 평소에는 안정된 느린 동작의 피레네가 활기차게 눈을 반짝이고 신체의 균형을 잘 잡아 능숙하게 올라가거나 내려올 것이다.

도시에서는 충분한 운동을 시킬 수 없는 초대형견의 건강유지에도 효과적이다.

강아지(puppy)에서부터 나이가 많은 노견(senior dog)까지 !

낮은 밸런스 볼을 굴리거나 힘껏 밟거나 하여 몸의 균형을 잡으면서 자기 자신의 신체를 사용하는 방법을 익힌다. 또한 밸런스 볼에 붙어 있는 돌기가 신체에 접촉함으로써 강아지의 신체인식을 향상시킬 수 있다.

강아지 자기 자신의 신체 윤곽을 인식함으로써 정서가 안정된다. 다 자란 성인견의 경우에도 밸런스 볼로 근력을 유지, 향상이 가능하고, 나이가 많은 노견이 되었을 때의 기능 쇠퇴를 늦출 수 있다.

반려견은 앞다리에 60~70%의 체중이 걸려 있고, 나이가 들면 다리와 허리의 근력이 약해져간다. 나이가 들어도 함께 산책할 수 있도록 근력을 키워두자.

밸런스 볼에서는 운동의 방법에 따라 몸의 앞다리, 뒷다리, 몸통의 심부와 표면 근육을 강화할 수 있다.

"시바견(Shiba Inu)"

▼ 스트레스를 받기 쉬운 부위 : 어깨, 목, 무릎, 발목 부위

견종의 특성

강하고 굵은 목을 들어 올리는 목 주위의 근육을 이완시킨다.
뒤통수 부위에 부착하는 마름모근, 널판근, 등세모근을 마사지한다. 뒤통수 부위를 마사지하여 눈의 신경이 편안해지고 시바견이 걸리기 쉬운 눈의 질병, 각막염이나 백내장을 예방하는 효과도 있다.
피부의 질환(아토피성피부염)을 예방하기 위해 심호흡을 촉진하여 부교감신경을 활성화하고 어깨뼈의 등 모서리와 등세모근 사이를 마사지한다. 스트레스 관리의 하나로서 마사지나 프레이즈 터치(praise touch)를 도입하기 바란다.

포인트 케어

목의 위쪽 전체를 SEW
목과 머리뼈 뒤 사이에 있는 뒤통수 부위에 부착하는 목덜미인대를 비틀기 기법(squeezing)을 시행한다. 목의 위쪽 전체를 WES를 시행한다.

어깨뼈 등 모서리에서부터 위팔뼈 큰결절까지 어깨 전체에 SEW를 시행한다.
등세모근과 어깨뼈의 부착부, 어깨뼈 등 모서리의 위쪽을 점진적으로 마찰법(friction)을 시행한다. 어깨뼈의 등모서리에서부터 위팔뼈 큰결절까지 어깨 전체에 WES를 시행한다.

SEW … **S** = Stroking, **E** = Effleurage, **W** = Wringing / WES … **W** = Wringing, **E** = Effleurage, **S** = Stroking

"미니어처 슈나우저(Miniature Schnauzer)"

▼ 스트레스를 받기 쉬운 부위 : 옆구리(복부 측면), 몸의 뒷부분, 꼬리의 시작 지점

견종의 특성

등이 짧고 몸의 앞부분이 뒷부분보다 발달하여 허리도 짧기 때문에 갈비뼈의 바로 뒤에서부터 엉덩뼈까지의 등허리근막에 힘이 들어가기 쉬워진다. 옆구리를 에플루라지를 시행하여 이완시켜주자.

꼬리를 절단한 경우에는 짧은 꼬리의 시작 지점이 긴장하는 일이 있기 때문에 꼬리의 스트레칭을 시행한다.

포인트 케어

옆구리 부위

갈비뼈의 뒤에서부터 엉덩뼈에 걸친 등허리근막, 배속빗근을 에플루라지를 시행하여 긴장을 완화한다.

엉덩뼈의 힘줄에서부터 갈비뼈와 복장뼈의 바닥부분을 지나는 배곧은근에 슬라이딩 터치(sliding touch)(p.104 참조)도 시행한다.

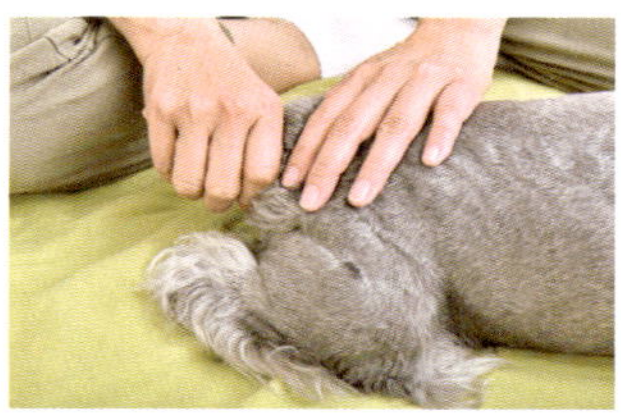

꼬리의 스트레칭

꼬리의 시작 지점을 잡고 시계방향으로 3회, 반시계방향으로 3회, 반려견 꼬리의 가동범위 내에서 돌린다.

다음으로 천천히 꼬리를 잡아당겨 스트레칭을 하고 그 후 원래의 위치까지 놓아준다. 꼬리의 마지막 끝부분까지 스트로킹을 시행한다.

"토이 푸들(Toy Poodle)"

▼ 스트레스를 받기 쉬운 부위 : 목, 뒷다리, 넓적다리 부위, 가슴

앞다리 이음띠 근육의 종류

- 등세모근
- 가슴근
- 등근
- 빗장밑근
- 톱니근
- 위팔머리근

견종의 특성

반려견에는 빗장뼈(쇄골)가 없다. 앞다리 이음뼈라는 몸통과 머리를 연결하는 근육의 띠로 연결되어 있다.

토이 푸들의 높은 머리를 지지하는 목을 마사지하자. 토이 푸들이 걸리기 쉬운 질병 중 하나로서 열거되는 무릎뼈 탈구, 평소에 엉덩관절의 굽힘근, 무릎관절의 폄근인 넙다리근막긴장근을 마사지하여 관리를 하자.

긴 뒷다리를 지지하기 위해 긴장하기 쉬운 흉곽에 에플루라지, 니딩을 해서 이완시킨다.

포인트 케어

넙다리근막긴장근을 따라서 비틀기(squeezing)를 한다.

넙다리근막긴장근은 엉덩관절의 굽힘근, 무릎의 폄근에 영향을 준다.

흉곽을 따라서 에플루라지, 니딩을 시행한다.

"미니어처 닥스훈트(Miniature Dachshund)"

▼ 스트레스를 받기 쉬운 부위 : 목, 등, 엉덩관절, 몸의 뒷부분

견종의 특성

닥스훈트는 땅을 팔 때 앞다리의 뒤쪽으로 당기는 역할을 하는 크고 긴 넓은등근과 깊은 가슴근을 갖고 있다.

나이가 든 노견이 되면, 다리와 허리의 근력이 약화되어 뒷다리를 보호하며 걷기 때문에 등에 힘이 들어가 넓은등근, 등의 가장긴근, 갈비사이근 등의 근육이 딱딱해진다.

미니어처 닥스훈트가 걸리기 쉬운 척추디스크를 예방하기 위해서도 등의 척추를 지지해주는 근육들을 유연하게 유지하자. 프레이즈 터치(praise touch)로 몸의 위치를 인식시키는 것도 중요한다.

포인트 케어

등에 에플루라지
뒤통수 부위에서부터 꼬리의 시작 지점까지 점진적으로 에플루라지를 시행한다. 몸의 길이를 의식시킨다.

등 전체에 피부 말기 (skin rolling)
근막 이완법을 시행하여 등의 긴장을 완화한다.

"래브라도 레트리버(Labrador Retriever)"

▼ 스트레스를 받기 쉬운 부위 : 어깨, 앞다리, 등, 엉덩관절 주변

견종의 특성

점프를 하거나 달리거나, 부드러운 유연성을 가진 운동량이 많은 래브라도는 점프의 충격을 흡수할 수 있는 어깨, 착지를 하는 앞다리의 발끝, 달릴 때 잘 수축을 할 수 있는 유연한 등, 통증이 나타나기 쉬운 엉덩관절 주위를 평소에도 관리를 한다.

포인트 케어

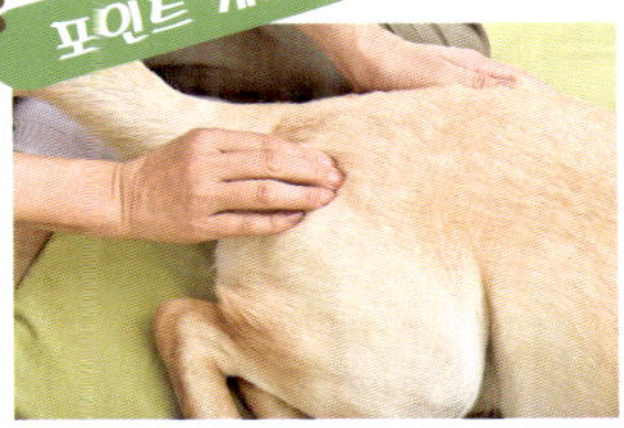

엉덩관절의 주위에 매우 가벼운 압력으로 작은 서클 터치를 시행한다. 엉덩관절의 통증을 감소시킨다.

Cross fiber stretching
양 손을 교차시켜 처음에는 짧게, 조금씩 손의 간격을 넓혀가면서 몸 전체의 근막의 스트레칭을 시행한다.

"보더 콜리(Border Colli)"

▼ 스트레스를 받기 쉬운 부위 : 목, 어깨, 종아리 부분

견종의 특성

어깨뼈를 잘 움직이며, 몸을 낮추는 자세를 흔히 취하기 때문에 어깨뼈 등 모서리와 등세모근의 경계선이 긴장하는 경우가 많다. 뒤통수 부위의 널판근, 등세모근과 어깨뼈 전체에 에플루라지, 니딩을 시행하고 어깨뼈의 등 모서리에 마찰법을 시행하여 근육의 긴장감을 제거해주자.

어깨뼈가 위로 올라가는 경향이 있기 때문에 겨드랑이 위의 큰원근을 비틀기를 하여 어깨가 낮아지기 쉽게 해준다. 또한 몸을 낮은 위치로 이동시키는 자세는 강한 몸통과 종아리 근육의 긴장이 필요로 한다.

뒷다리의 무릎 밑의 장딴지근에 점진적으로 비틀기를 시행하여 근육의 유연성을 높여 무릎의 움직임을 좋게 하자. 장딴지근을 마사지함으로써 뒷다리에 체중을 지지하기 쉬워진다.

포인트 케어

어깨 전체의 SEW, 가시위근, 가시아래근의 니딩을 하고 어깨뼈의 등 모서리를 마찰법, 어깨 전체의 WES를 시행한다.

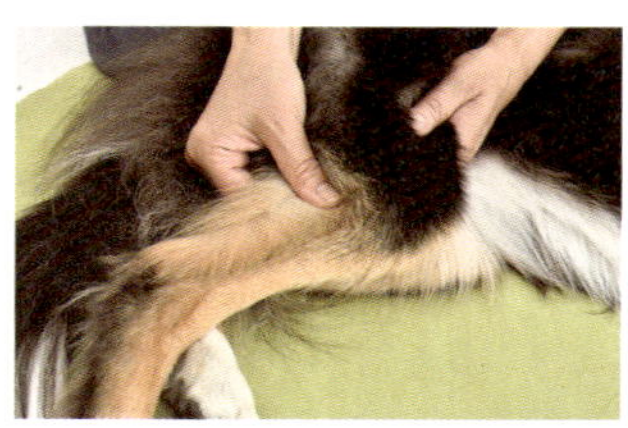

장딴지근에 점진적으로 비틀기 기법(squeezing)을 시행하여 피부와 근육을 이완한다.

맺는말

이 책을 마주한 당신은 반려견에 대한 것을 고민하고,
반려견의 건강과 행복을 바라고 있다고 생각합니다.
반려견과의 생활은 우리들에게 많은 행복을 가져다줍니다.
꼬리를 흔들고 맞이해주는 기쁨,
언제나 우리들을 응시해주는 다정한 눈빛,
함께 있음으로써 이러한 반려견의 눈빛을 통해
많은 배움과 기쁨을 주고 있습니다.
사랑이 가득 찬 마음을 가르쳐줍니다.
이러한 반려견들에게 감사하고,
지금 매 순간을 서로 교감하는 것에 감사하면서,
부드러운 손길로 만져 주세요.
애정이 담긴 손은 마음과 몸에 영양을 공급합니다.
이 책이 많은 반려견과
반려견을 사랑하는 분들에게 도움이 되었으면 합니다.

"All you need is pair of Hands and Loving Heart"
Yamada Riko

감수 / **야마다 리코 (Yamada Riko)**
일반사단법인 Animal life partners 협회 대표

미국에서 반려견 마사지, 피트니스, 그리고 재활의 이론과 기술을 적용한 일본에 도입한 제1인자이다. 2008년에는 동물과 사람의 유대를 심화시키고 쌍방의 심신 건강에 도움이 되는 "프레이즈 터치(praise touch®)"를 고안하였다. 대학이나 전문학교, 동물병원에서 강의 이외에 수많은 미디어, 동물관련 잡지, 수의료 관련 잡지의 집필, 강연 등의 활동을 하고 있다. 또한 동물병원이나 숙박시설 등에서 반려견의 재활이나 반려견 건강(wellness)에 대한 감수도 하고 있다. 현재는 20년간 함께 생활한 반려견들의 사랑스런 추억과 함께 후지산과 쇼낭에서 생활하고 있다.

구글 praise touch iaalp

첫 번째에 위치한 www.iaalp.com>website>pureizutatchi 를 클릭하시면 오른쪽 아래에 야마다 리코의 동영상(일본어 자막) 3분을 보실 수 있습니다.

유튜브 iaalp

야마다 리코의 동영상(일본어 자막) 1분 27초를 보실 수 있습니다.

이 책에 소개된 모델견

보더 콜리
카발리에 킹 찰스 스패니얼
골든 레트리버
잭 러셀 테리어
M 닥스훈트
시바견(흑색)
래브라도 레트리버
M 슈나우저
그레이트 피레네
화이트 스위스 셰퍼드

협력해준 시설

レジーナリゾート鴨川(千葉県)
DOG DEPT 湘南江ノ島店(神奈川県)
IAALP 湘南オフィス

참고문헌

「ドッグマッサージ テキスト」（一般社団法人アニマルライフパートナーズ協会）
「ドッグフィットネス テキスト」（一般社団法人アニマルライフパートナーズ協会）
「プレイズタッチ テキスト」(一般社団法人アニマルライフパートナーズ協会)
「わんにゃん幸せタッチケア」(監修 山田りこ　小学館)
「ベテリナリーアナトミー 」（インターズー）
「くわしい犬学」(くわしい犬学編集委員会　誠文堂新光社)
「カーミング　シグナル」(著テゥーリッド・ルーガス　翻訳石綿美香　A.D.SUMMER'S)